異文化結婚を生きる

日本とインドネシア／文化の接触・変容・再創造

吉田正紀【著】

新泉社

はじめに

日本ではこれまで、「国際結婚」を国籍の異なる人たちの結婚とみなしてきた。しかし実際には、国際結婚で異なるのは国籍だけではない。言語、民族、宗教、階層、人種など多くのことが異なるのである。そこで筆者は、国際結婚を互いの文化自体が異なるということで「異文化結婚」とよぶ。

多民族社会や多民族国家に住む人たちにとっては、異文化結婚は特別なことではなかったとはいえ、みずからの民族や文化、宗教を越えて結婚することはつねに勇気がいることだし、法的あるいは宗教的、社会的制約も多かったといえる。

男女の出会いと恋愛は、身体的・性的魅力や異質なもの、望ましい職業や好ましい性格に関心がむかい、国籍や言語、民族、宗教、階層、人種などの違いは飛び越えてしまうであろうが、いったん結婚すると、夫婦の日常言語や言葉づかい、食習慣、宗教・信仰、親子や親族とのかかわり方、社会的・経済的地位、居住の習慣など、日常生活のあらゆる側面で異質なるものに直面する。

本書では、筆者が長らく民族と文化の交流のあり方を研究してきたインドネシアを対象に、インドネシア人と日本人の異文化結婚生活に焦点をあてる。異文化結婚が、互いの文化をどのように受け入れ、互いの相違をどのように調整しているのか知ることができる格好の場を与えてくれるからである。異文化との出会いが加速化し、多文化共生が叫ばれる今日、異文化理解や他者理解を発展させる一つの方法は、そうした異文化結婚の営みから学ぶことであろう。

統計的な調査方法はとらず、もっぱら異文化結婚した男女へのインタビューによって、インドネシアで、あるいは日本での結婚生活をどのように営み、どのような新たな知見と経験を得たのか、日常生活にどのような変容と新たな創造がみられるか尋ねた。それらは私たちに、多文化のなかで共生し、生き残っていくための新たな知恵と教訓を与えてくれることだろう。

異文化結婚を生きる◎目次

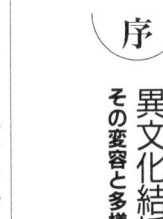

2　インドネシアに嫁いだ若き日本人女性……55
グローバル化時代の異文化結婚

III 日本／インドネシア人女性

装幀　勝木雄二

ミャンマー
（ビルマ）
ラオス
タイ
カンボジア
ベトナム
南シナ海
太平洋
フィリピン
マラッカ海峡
アチェ州
プマタン・シアンタール
マレーシア
ブルネイ
パラオ
メダン
カリマンタン島
（ボルネオ）
マナド
シンガポール
ボンティアナック
パダン・
シデンプアン
スマトラ島
スラウェシ島
（セレベス）
ブキ・ティンギ
パダン
パレンバン
ジャワ海
（トラジャ）
アンボン
ニューギニア島
インドネシア
マカッサル
インド洋
ジャカルタ◎
スマラン
マドゥラ島
パンダ海
バンドゥン
ジャワ島
バリ島
東ティモール
ジョグジャカルタ
スラバヤ
フローレス島

序

異文化結婚と日本人

その変容と多様性を考える

近年の国際結婚の増大と変容

二〇世紀末から加速しているグローバル化の波は、国境を越える大規模な人口移動を引き起こしている。このような現象は、これまで以上に異なった人びととの出会いの機会を増大させ、いわゆる「国際結婚」の増大につながっている。

日本においても、全結婚数に対する国際結婚の漸次的増加の傾向がみられる。二〇〇四年の結婚総数七二万四一七件のうち、外国人との結婚は三万九五一一件（五・五パーセント）であった。(1) しかし、一九七四年には六三五九件で、全体の〇・六パーセントにすぎなかったので、この三〇年間に六倍も増加したことになる。さらに特徴的なことは、一九七六年以降、日本人の国際結婚の頻度が男女で逆転したことである。すなわち、女性よりも男性の外国人配偶者と結婚する割合が多くなり、二〇〇四年にはその割合が四対一にもなった。

また、外国人配偶者の国籍は男女による相違はみられるが多様化している。とくに中国や韓国、フィリピンなどのアジア諸国の国籍をもつ配偶者との結婚が増加している。七〇年代以降の日本経済の発展、それにともなう人的交流の進展を反映していると思われる。その結果、従来日本人が抱いていた国際結婚へのイメージが大きく変容してきたといえる。本章では、明治以降、日本人は異なる民族とどのような結婚をしてきたのか、その交流のあり方や変化について概観することにする。

国際結婚とは何か

日本で、国際結婚とは外国人ないし国籍の異なる者との結婚とみなされてきた。そこには結婚によって、日本の国境を越えるという国際性を意識させるものがある。国際結婚は、本来明治時代に、西欧近代国家との出会いのなかから生まれた法的・政治的概念で、西欧では intermarriage ないし mixed marriage とよばれているもので、日本では雑婚などと訳されていた(2)。intermarriage は、多民族からなるヨーロッパやアメリカなどの国々では、同じ地域内の民族、人種、宗教、言語など文化の異なる背景の者同士の結婚を意味していた。しかしながら、実際には、日本の国際結婚も intermarriage の一形態であり、実質的には変わりがないものである。

明治から第二次世界大戦まで

一八七三（明治六）年太政官布告第一〇三号によって、日本人と外国人の結婚が認められて以来[3]、さまざまな国の人びととの国際結婚が多様な形態で営まれてきた。戦前と戦後、そして現代の国際結婚の状況をみてみよう。

明治初期の国際結婚は、西欧人との結婚が特徴的である。とくに夫外国人・妻日本人が夫日本人・妻外国人より多かった。外国人の夫はお雇い外国人として日本に滞在中に日本人女性と知り合ったもので、外国人の妻は日本人が西欧に留学しているとき知り合ったものである。当時、国際移動するのが主に男性であったことに由来する[4]。

明治末期から昭和初期にかけての植民地時代、日本人と朝鮮人の結婚、いわゆる「内鮮結婚」が同化政策の一環として奨励され、多くの日本人女性が海を渡った。当時国籍は同じだが、異民族・異文化結婚をした彼女たちは、戦後忘れ去られた日本人妻として、帰国せず、韓国に生きている[5]。

日本の植民地だけではなく、日本人配偶者に恵まれなかったフィリピンやボリビアなどの移住地で、日本人は現地の人びとと異民族結婚をしている。フィリピンではルソン北部のバギオに道路工事に駆り出された元ベンゲット移民は、その後、農業を営み、イゴロット族などの現地女性と結婚した。またミンダナオ島でマニラ麻栽培に従事していた日本人移民の多くが、現地に住むバゴボ族の女性と結婚をした。現地の言葉を学び、現地の女性と結婚し、生活していた日本人が、民族を越えて共生している時期があったが、終戦とともに終了した。[6]

ボリビアのアマゾン源流地のような孤立した地域に移住した日本人一世や彼らの子孫たちは、現地の人びとと結婚する割合が時とともに増大した。一方、アメリカでは一九六七年まで、「異人種間結婚禁止法」があったので、日本人とアメリカ人との正式な結婚はそれまであまりみられなかった。移民一世や二世は、日本から配偶者を呼び寄せたり（写婚）、日本人の間で結婚するしかなかったが、三世以後は現地の人びとと結婚し、いわゆる日系人として生活を送るようになった。[7]

第二次世界大戦の終戦とともに、東南アジア各地に駐留していた元日本兵（残留日本人）たちのなかには、さまざまな理由から、帰国せずに現地の女性と結婚してその地にとどまった人びとがいた。しかし、彼らの歴史的・政治的役割についての研究はあるが、国際結婚の事例としては取り上げられることはなかった。

終戦直後の国際結婚――戦争花嫁

第二次世界大戦後、日本人女性と駐留軍兵士との結婚は、本格的な国際結婚の先駆けであった。その数、五万から一〇万にもおよぶと推定される「戦争花嫁」の移住先は、カナダ、イギリス、オーストラリアにも及んでいる。しかしながら、戦勝国の男性と結婚したこと、異人種との結婚であったことから、日本とアメリカ双方から偏見をもたれ、差別を受けてきた。[8] 当時の国際結婚に対するイメージはどこか暗いものがあり、当然両親や親戚の猛反対を受けた。だがその分、強い望郷の念をもちながら彼女たちは逞しく生きてきた。[9]

高度成長期以後の国際結婚――アジアからの花嫁

一九七〇年代以降、経済的に豊かになり、多くの分野で人手不足が深刻となり、外国人労働者の雇用が増大した。一方、地方農村の嫁不足は、農業後継者や共同体の存続にかかわる社会問題となった。その打開策の一つとして、一九八五年、山形県朝日町は、フィリピン女性との集団見合い婚によって、「アジアからの花嫁」を招くことになった。[10] この現象は同じような悩みを抱えた地方農村に普及した。彼女たちの苦労・ストレスは言葉に尽くせないが、彼女たちの存在が、地方農村の変容や国際化に貢献したことも事実である。[11] このような現象は現在、中国、ベトナム、インドネシアなどから台湾や韓国農村への結婚移住につながっている。[12]

同時期、アジアから興業ビザで来日した女性たち（主にフィリピン人）が、地方都市で性風俗業にかかわるうち、日本人男性と結婚するようになった。[13] また、パキスタンや中近東からのムスリム外国人労働者の滞在が長びくにつれ、彼らと結婚する日本人女性も生まれるようになった。[14] 日本経済の発展によって、世界各地へ海外駐在員が送り出されると、彼らは現地で結婚し、配偶者をともなって帰国する事例も多くなった。[15]

グローバル化時代の国際結婚——アジアへの花嫁

近年、留学や旅行、ビジネスの目的で海外に出かける機会がさらに増えている日本人は、現地でさまざまな人びとと出会い結婚し、そのまま居続ける人も現われた。一九九〇年代なかば、日本社会を拒否して「神々の島バリ」に嫁ぐ日本人花嫁たちが週刊誌で取り上げられた[16]。戦前・戦後を通じて、インドネシア人留学生とともに彼らの母国に渡った日本人花嫁も多い。現在、ジャカルタには二〇〇名ほどの日本人花嫁がいる。近年その中核である三〇代の日本人女性の多くが、インドネシア人配偶者と、日本ではなくアメリカやオーストラリア、イギリスなどの先進国で出会い、ジャカルタで暮らすようになっている[17]。日本人女性の国際結婚に至るプロセスがグローバル化していることがうかがわれる。

国際結婚から異文化結婚へ

現代進行中のグローバル化の進展は、海外で結婚し生活する日本人を増加させ、かつ来日する外国人と結婚する日本人の数を増大させ、異なった民族同士の結婚を多数生み出している。これまでの外国人との結婚を意味する国際結婚は多義的な意味をもつようになり、従来の国際結婚の概念を拡大させなくてはならなくなっている。国際結婚は「国籍の異なる者の間の結婚」であると同時に、interethnic marraige（異民族結婚）、interracial marraige（異人種結婚）、interreligious marraige（異宗教結婚）が含まれている。

また、英語ではinternational marraigeとは言わず、intermarraigeないしmixed marraigeがよく使われてきた。しかし近年では、cross-cultural marraigeないしintercultural marraigeと表現されるようになっている。こうした動向を踏まえ筆者は、日本でも「異文化結婚」とよぶのがより適切ではないかと考える。(18)

註

（1）厚生労働省大臣官房統計情報部編『平成一六年人口動態統計　二〇〇四　上巻』社団法人厚生統計協会、二〇〇六年
（2）嘉本伊都子「国民国家と国際結婚―近代国民国家間家族という視点―」田中真砂子・白石玲子・三成美保編『国民国家と家族・個人』早稲田大学出版部、二〇〇五年
（3）小山騰『国際結婚第一号』講談社選書、一九九五年
（4）竹下修子『国際結婚の社会学』学文社、二〇〇〇年
（5）石川奈津子『海峡を渡った妻たち』同時代社、二〇〇一年
（6）大野俊「異民族結婚した移民一世とメスティーソ二世―フィリピン日系人問題の起源を考察する―」足立伸子編著（吉田正紀・伊藤雅俊訳）『ジャパニーズ・ディアスポラ―埋もれた過去・闘争する現在・不確かな未来―』新泉社、二〇〇八年
（7）東元春夫「在米日系人のインターマリッジ―ユタ州の調査から―」『移民研究年報』二、日本移民学会、一九九六年

(8) 新田文輝「海を渡った日本女性―戦争花嫁再考―」『吉備国際大学社会学部紀要』七、一九九七年
(9) NHK『テキサス美浜屋―異国に生きた戦争花嫁波瀾万丈の三〇年―』一九七五年
(10) 宿谷京子『アジアからの花嫁』明石書店、一九八八年
(11) 山口考子「過疎の農村を蘇らせた外国人花嫁」毛受敏浩・鈴木江理子編著『多文化パワー社会―多文化共生を超えて―』明石書店、二〇〇七年
(12) 横田祥子「台湾・東南アジア系移民の今日と多文化主義の行方」『アジア遊学』八一、勉誠出版、二〇〇五年
(13) 佐竹眞明、M・A・ダアノイ『フィリピン―日本国際結婚移住と多文化共生―』めこん、二〇〇六年
(14) 寺田貴美代『共生社会とマイノリティへの支援―日本ムスリマの事例から―』東信堂、二〇〇三年／竹下修子『国際結婚の社会学』学文社、二〇〇〇年／工藤正子『越境の人類学―在日パキスタン人ムスリム移民の妻たち―』東京大学出版会、二〇〇八年
(15) 吉田正紀「国際結婚と異文化の交流―在日インドネシア人女性とその家族の事例から―」『国際関係研究』二三(四)、二〇〇三年
(16) 山下晋司「《南へ》―バリ観光の中の日本人―」青木保他編『移動の民族誌』岩波書店、一九九六年
(17) 吉田正紀「グローバル化時代の異文化結婚―インドネシアに嫁いだ若き日本人女性の異文化結婚」『国際関係研究』二六(一)、二〇〇五年
(18) ローズマリー・ブレーガー、ロザンナ・ヒル編著(吉田正紀監訳)『異文化結婚―境界を越える試み―』新泉社、二〇〇五年

I　インドネシア／日本人女性

1

インドネシアに嫁いだ日本人女性
異文化結婚にみる異文化の接触と交流

はじめに――異文化の接触と異文化結婚

異文化の出会い・交流と対立・調整の課題

情報革命、経済活動のグローバル化、輸送移動手段の飛躍的発達などを通じて、人類の活動領域が地球規模に拡大するにつれ、異なる文化や人間が相互に交流する機会がますます増大している。異なった文化と人間がもっともダイナミックに出会う機会は、おそらく異文化結婚であろう。そこには異なる文化を背負う男女が、自己の文化と配偶者の文化を日常生活のレベルで認識し、理解し、調整し合って生活していると考えられるからである。文化の出会いや交流にともなう対立や調整の課題は、二一世紀の人類にとって大きな課題の一つとしてあげられよう。このような課題に一つの示唆を与えてくれるのは、異文化結婚をしている人たちの生き方にあるのではないかと思う。

本章では、主に異文化結婚家族への実地調査の結果を利用しながら、たんなる男女の出会いを越えた、文化の確執や調整のプロセスを明らかにすることである。さらに異なった文化の交流を実践する異文化結婚家族の生き方から、双方の文化にはみられなかった新しい文化の創造の可能性を探りたい。

これまでの人類学の主要なテーマは、一つの民族の民族誌をフィールド・ワークにもとづき書き上げ、その民族文化の総体をとらえようとすることにあった。しかしながら、実際一つの民族の生活領域は閉鎖的ではなく、その境界は国境を越え、さまざまな民族との交流の上に成り立っている。民族文化の理解と解釈は、さまざまな生活領域での民族の交流のあり方を明らかにすることによってより豊かなものとなり、さらに民族間の摩擦や対立、偏見の問題に新しい視野を提供できると考えられる。

このような筆者の研究志向と関連して、本章では異文化結婚を異民族や異文化との出会いとそれにともなう文化の調整のあり方の場としてとらえようと試みる。(1)

物や情報、人間が国境を越えて移動する現代は、真に文化の交流の時代といえる。異なった文化で生まれ育った男女が出会う異文化結婚を、異質の結婚形態としてではなく、また異文化結婚の問題点をことさら追求するだけではなく、異なる文化の調整の場であり、新しい異文化理解のあり方を提供してくれるものと捉える視点は、文化交流の研究にきわめて有益な貢献となろう。

読者のなかには、筆者が異文化結婚のポジティブな側面を強調しすぎると思われる方もあろう。普通の結婚のように、たしかに離婚や不安定な結婚生活を送らなければならない家族もあろう。筆者が民俗医療の研究を行っていたときも、治療を受け、治癒した事例を集めすぎたと感じた方がいたことと思う。[2] しかしながら、私たちが学ぶことができるのは、成功例からのほうが多いと考える。失敗から学ぶより成功から学ぶことに対しては、協力者が得やすいこともある。

インタビューの方法と対象者

筆者は、一九九八年一二月、インドネシアの首都ジャカルタに、インドネシア人男性と結婚している日本人女性を訪ねた。年末の慌ただしい時期であったが、異文化結婚をした日本人女性の相互扶助組織「ひまわり会」のみなさんのご協力と、「福祉友の会」(日系インドネシア人組織)の乙戸昇さんのご案内で、一〇名の女性に会うことができた。

彼女たちと会った目的は、いわゆる異文化結婚の問題点を探るといったものではなく、異文化の最前線に生きる彼女たちが、インドネシアの文化と社会をどのように受けとめ、生活しているのか、彼女の家族と社会への共生のあり方を探ろうとするものである。それゆえ、インタビューした女性たちは、おおむね異文化での生活に満足し、安定した生活を送っている人たちといえる。

また現在、ひまわり会に所属する日本人女性は二〇〇名を超えるが、そのうちのごく一部の方々とのインタビューという質的方法をとった。

今回、ジャカルタで会った日本人女性の多くは、インドネシアで配偶者と出会ったわけではない。彼女たちが出会ったインドネシアの青年たちは、一九六〇~七〇年代に、日本政府が支援した賠償留学生(3)として、あるいは企業研修生として日本にやって来た人たちである。彼ら青年たちは、日本に留学ないし研修で滞在していたために、滞在期間も平均四~七年と長く、日本語が堪能であり、日本の文化・習慣をかなりよく理解している。

一方、日本人女性たちは、一般の日本人に共通して、東南アジアやインドネシアに無関心であり、ましてやインドネシア語については、結婚するまでほとんど知らなかった。彼女たちの家族は、当初、一様に彼女たちの結婚に反対している。「貧しくてもいいから、日本人と結婚してくれ」と言われた人もいた。とくに一人娘であった女性は、猛烈な反対を受けたという。とりわけ父親に反対者が多く、母親は例外もあるが、どちらかというと娘の理解者で、「どんなに近くにいても不幸せな娘を見るより、遠くに離れても幸せだったら、まだそのほうがいい」という母親もいた。

親しい友人のなかには、相手が白人ではなかったことに驚き、本当に大丈夫かと心配する人もいた。また「なにしろ国が悪すぎる。たとえエリートと結婚しても、苦労するぞ。わざわざ苦労することはない」と猛反対する友人もいた。そこには、東南アジアに対する、日本人のステレオ

表1　インドネシア人男性と結婚したジャカルタ在住日本人女性

氏　名	年齢	結婚年数	子ども数	夫の民族	夫との会話	職　業
キミコ	58	27	4	アラブ	日本語	音楽教師
マサコ	53	27	0	マドゥラ	日本語	デザイナー
ヒトミ	57	32	3	スンダ	インドネシア語・英語	大学教師ほか
ナツエ	47	32	0	ジャワ	日本語	幼稚園教師
セ　ト	53	25	1	バリ	インドネシア語	会社員
チノリ	52	26	4	アンボン	インドネシア語・日本語	日本語教師
ノブコ	55	26	3	マカッサル	日本語	民宿経営
キヨミ	60	35	3	ジャワ	日本語	華道教師
クミコ	63	37	2	バタック	日本語	華道教師
エツコ	76	52	4	スンダ	日本語	ブティック経営

注）名前は仮名、1998年現在。

タイプ化したイメージが浮かびあがってくる。

インドネシア人の夫は、帰国してからエリートとしての社会的地位を獲得できた者がほとんどである。彼らの生活は、お手伝いさんを雇い自動車をもった、中間階層の経済的に比較的豊かなものであった。日本人の妻たちも、幼稚園や大学の教師、日本語教師、不動産業務、ホテル経営、デザイナー、ブティック経営、華道や茶道の教師、日系企業の社員などさまざまな職業に携わっており、経済的・社会的にも積極的に活動してきた。夫の収入が十分でないとき、経済的に支援できた人もいる。

　彼女たちのインドネシアでの生活は、言語や宗教のみならず、親戚や近所づきあい、食べ物や料理など、これまで経験したことのないものであった。しかしながら、夫やその家族は、異なる文化をもつ妻を温かく迎え、彼女の生活をさまざまに支援している。そこには、多民族社会なればこその、異なった文化や民族への対応のあり方をみることができる。

　日本人女性たちの年齢も、いまや五〇歳代の半ばとなり、ジャカルタでの結婚生活は、三〇年を経過している。年齢の上昇にともない、夫との死別など生活環境が変化しはじめ、日本人女性の間での相互扶助組織ひまわり会が生まれ、その活動が活発化している。一九九七年七月に発刊された機関誌『ひまわり』も、二〇〇〇年一一月二五日で四一号となっている。また福祉友の会との連携・協力の気運が高まり、福祉友の会の婦人部を担うようになってきた。

　インタビューを通じて、二人の出会い、初めてのインドネシアの印象、インドネシア語の習得、子どもの言語と教育、宗教への理解と活動、食生活やその他の生活習慣、仕事、つきあい、大衆文化、インドネシアと日本の習慣の比較、インドネシア人の性格と行動様式など、インドネシアでの結婚生活について語ってもらった。そこには、異なった文化を携えて嫁いだ女性たちの、生々しい人間の出会いのドラマが垣間見られた。

言語

インドネシア人である夫は日本語が堪能であり、結婚前から二人は日本語で会話している。結婚して、インドネシアで生活するようになってからも、夫婦の会話は日本語がほとんどである。たとえばマドゥラ人の夫をもつマサコさんは、「主人とは日本語です。日本語のほうがね、やっぱりニュアンスがいいんですって。私がインドネシア語を話すと、カサール（粗野）になるんですって。日本人女性と結婚したからには、日本語を話してもらいたかったらしいんで……」と語っている。

夫たちはインドネシア人であると同時に、ジャワ人、スンダ人、バタック人、マカッサル人、バリ人というように、異なった民族に属している。(4) マサコさんは、インドネシア語のほかに、ジャワ語も理解できるという。ナツエさんのジャワ人の夫は、親戚と話すときジャワ語で話している。クミコさんのバタック人の夫も、チノリさんのアンボン出身の夫も、親戚が訪ねてくれば、それぞれの民族の言語で話す。

しかし、ナツエさんの親戚の人は、彼女がいる前ではジャワ語を話さないという。彼女は「私の前ではジャワ語をしゃべらないです。私がいたら、私はわかりませんからね。だからインドネシア語にパッと変えちゃうんです。たぶん私がいなければ、ジャワ語でしゃべっていると思いますけど、親戚のみんないる席で、私が一人で何もわからないので、みんなインドネシア語で話してくれるんだわって、うつるんです。ですから、そういう面で、自分がのけ者にされたりするってことはないです。……叔母はときどきオランダ語をしゃべりたいとき、ちょっと私たちオランダ語をしゃべりたいから、ごめんねと私に断ってくれます」と語っている。そこにはインドネシアの家庭における多民族・多言語の状況が垣間見られ、自分たちの言語を理解しない、他の家族のメンバーに対する細やかな配慮がみてとれる。

日本人女性はインドネシア語をインドネシアに来てから学びはじめている。教えてくれるのは、一番多いのがお手伝いさん、つぎに同居の親戚、夫の母や姉など身近な人たちである。特別に学校に行って学んだりはしていないので、書いたり、人前で挨拶することなどは苦手にしている。ヒトミさんは、夫が役人であったので、その夫人の会の取りまとめをしなければならず、会合での挨拶が難しかったと述懐している。

異文化結婚をした人たちが最初に決断しなければならないことは、子どもの言語教育である。ほとんどの日本人女性は子どもに対して、夫のようにインドネシア人として生きさせるために、インドネシア語を教え、インドネシア語で話しかける。夫が子どもにはインドネシア語を望むからである。また、民族的アイデンティティとも関係するからである。「日本人だ」といじめられたとき、インドネシア人であると教育をしている。

幼いとき日本語を教えても、まわりに日本語を話す人が少ないことや、高学年になるにつれ、覚えなければならないインドネシア語の語彙が増え、次第に日本語を使わなくなってしまう。ふだん家族が集まったときは、インドネシア語で話すようになる。

母親と子どもの会話について、ジャカルタ滞在の欧米系の母親の多くは、母親の母国語で子どもと会話をしているが、日本の女性の場合、ほとんどが夫の母語である。それも結婚して覚えた、拙い言葉で子どもに接しはじめ、気がついたときには、子どもが母親の母語を話せなくなってしまっている場合が多い。ある母親はインドネシア人として恥ずかしくないように心がけたという。また、ある母親は自分が覚えたインドネシア語を使いたかったともいう。家庭内の会話が、インドネシア語であったチノリさんの二〇歳になる長女は、いまになってどうして日本語を教えてくれなかったのかと後悔し、日本語を学びはじめている。

そのため異文化結婚をした日本人女性が抱える問題は、子どもとのコミュニケーション言語をめぐってであり、成長するにつれ、日本語でニュアンスを伝えることのできないもどかしさや寂しさを感じる人もいる。また実家に帰って、祖父母との会話がしにくいこともあげられる。

エツコさんは「私は意識して、子どもにはインドネシア語だけでしかしゃべらなかったわけ。だから、日本にも留学させてない。ところが、いまは後悔している。あれは間違ったなと。もう自分の子が日本人じゃないから」と述懐している。キヨミさんは、小学校低学年まで子どもに日本語を使わなかったが、インドネシア人の小児科医が、「私たちが日本語を勉強するときには、高い授業料を払って勉強しなければならないのに、あなたは自分が良い先生であるのに、なんで子どもに日本語で接しないのか」と言われ、それから日本語を教えはじめたという。

ノブコさんの場合は例外的で、結婚しても日本語を維持してきた家族である。日系企業に勤める夫を含め、家族内の会話はすべて日本語であった。子どもたちは学校や近所の友だちからインドネシア語を学んだという。日本の実家とも頻繁に行き来し、子どもも経済的なゆとりがあると、休みに日本に帰したり、小学校に体験入学させたという。現在三人の女の子のうち、一人が日本の私立大学に通っている。

一方、ヒトミさんの場合は、子どもの成長につれて生活環境が変わり、それにともない子どもたちの言語が増えていった。子どものころはインドネシア語で、家族がアメリカで生活をするようになって英語を、ヒトミさんの母親をジャカルタに引き取るようになって、日本語を家庭で使用するようになったからである。キヨミさんの場合も、母親をジャカルタに引き取るようになってから、子どもたちも日本語に接するようになった。また日本から送られてくる子どもの漫画に興味を覚え、日本語に関心をもつようにもなったという。しかし子どもたちが同じように日本語ができるようになることは難しかったようだ。

このように異文化結婚の場合、夫婦の居住する国の言語教育が優先される傾向があるが、配偶者の言語をどのように教え、維持していくか、それぞれの家庭で多様性がみられる。女性の実家や母国との関係をより強く維持したいという願いや、子どもの将来の職業選択の可能性を広げておきたいという希望もあろう。異文化結婚の家庭で、子どもたちは父母の言語をどのように学習していったらよいか、バイリンガルはどのようにしたら可能か、何人に育てたらよいのかなど、さまざまな議論が生まれてくる。(5)

教育・しつけ

子どもたちは地元の公立の小・中・高校か、イスラーム系学校に通っているが、教育は一般に妻にまかせている家庭がほとんどである。そのぶんインドネシアの学校のシステムに慣れない母親は不満を感じている。キミコさんにとって、結婚して唯一の不満だったという。授業参観がなく、学期の終わりに成績を親がもらいにいくので、そのときまで子どもたちの成績がわからなかったりして、最初は戸惑ったようだ。それでもキヨミさんは子どもたちを国際人にしようと、英語のプログラムに通わせ、アメリカの大学に進学させた。

教育やしつけには、イスラーム教の影響がみられる。小さいころから、学校や家庭でコーランを読む機会が多いので、自然とイスラームの倫理を知るようである。そのせいか、子どもたちにあまり反抗期がなくて、親に対して侮辱的な言葉を使うこともなかったという家族がある。しかし同じイスラームの家族のなかには、息子が思春期に家を飛び出したり、車を運転したくて父親に叱られたり、手に負えない子がいたという。キヨミさんの息子は、大学に入ると落ち着き、結婚したら本当に真面目になったと語っている。

宗教

ヒンズー教やキリスト教を信仰する女性もいるが、大多数は結婚と同時にイスラーム教徒（ムスリム）になった。政府公認の宗教に加入しないと、結婚できないからである。しかし、結婚によって敬虔な信者になったわけではない。夫が「名目上のムスリム」[6]として知られているジャワ人が多いこともあり、「イスラームについてはっきりしないまま、来てしまった」とか、「断食をしなくても、寄付をして済ませてきた」とか、「子どもたちが一緒にお祈りをしてほしい、と言われてもなかなかできなかった」「結婚証明書に必要だったから」というように、妻たちのイスラームへのかかわりは緩やかであり、敬虔なムスリムとして、一日五回のお祈りをきちんとしている人はいなかった。

ノブコさんは「お祈りをしなくても、主人も子どもも許してくれる。そこに自由さを感じる」と述べている。だがほかの家族のメンバーとイスラームの習慣を共有する機会は、年に一度の断食の月である。日本の正月のように、断食明けの大祭を家族とともに祝うことは、イスラームの家族にとっては最大のイベントであるからである。正装して夫と子どもを連れて、両親や親戚の挨拶まわりをする。毎日のお祈りはしなくても、家族とともに断食をしている女性は多い。

母親たちは、名目上のムスリムであろうと、子どもたちにはアラビア語の学習をさせたり、一人前のムスリムになるようイスラームの私立学校に入れたり、インドネシアの一般市民として恥ずかしくないようにと心がけている。彼女たちも年をとるにつれ、家族や社会の影響からイスラーム教の教えを肯定するようになり、イスラームについて勉強をしたいと望んでいる人も多い。

クリスチャンのキミコさんは、イスラーム教とキリスト教のルーツが同じであることや、経典の内容や夫の説明から、結構良い宗教であることを認めている。ヒトミさんは、若いお母さん方とグループをつくり、日本のイスラーム協会から本を送ってもらって、日本語でイスラームについて勉強しているという。

商売を通じてインドネシア人とのつきあいが広がるにつれ、地域活動や寄付行為を真面目に行う人もいる。マサコさんは亡くなった夫の兄弟とメッカに巡礼（ハッジ）し、「ハーッシー」という尊称でよばれるようになった。(7) クラフトの店をもっているが、その売上の二・五パーセントを寄付しているという。さらにコーランを読む会（ンガジ）に参加し、コーランの教えのもつ哲学的意味を知るようになったし、イスラームを実践するようになって、寄付や断食などイスラームは苦行であると悟るようになった。インドネシアでいろいろなことがわかってきたとはいえ、イスラーム教はそのなかでもっとも理解しにくい部分であることも認めている。

エツコさんは何事にも不平を言わない夫の生活態度に、イスラーム教育があるのではとイスラームを評価しているが、寄付行為については否定的な見方をしている。二つの文化を知る人にとって、生活習慣としてイスラームをある程度とらえることはできても、理念として受け入れられない側面が宗教にはあるように思われる。

結婚してかかわりをもった宗教はイスラームばかりではない。バリ人と結婚したセトさんは、ヒンズー教徒になり、日曜・祭日や朝昼夜の礼拝をしている。仏教徒だったせいか、違和感を感じないという。毎日ご飯を炊いたらお供えをすることなど、その風習に馴染みがあったと語っている。最近はヒンズーの教えを勉強しはじめ、それが自然の原理をうまく説明していることを知ったという。困ったことは、子どもたちの高校での宗教の単位だったと述べている。高校でヒンズー教の授業がないため、ヒンズーの日曜学校の成績を宗教の単位に振り替えてもらったという。

しかしながら、通常の日本人のように、宗教について日常あまり考えてこなかった彼女たちも、このような宗教的ふん囲気のなかで、親戚や隣人とともに生活し、この地で生活を終えていくと考えると、あらためて宗教の意味を問いかけられてくるのではないかと考えられる。

ノブコさんは、「生長の家」の信仰を通じて、日本人の友人との絆を確認し合いながら、宗教について考えているが、「私も心のなかで、ここにお嫁に来たらやはりイスラームですね。死ぬときはまわりの人にやってもらうから、私はイスラームです」と自己の行く末を語っている。

食生活

どの夫も比較的長く日本に滞在したこともあって、日本食を拒否する人はいない。むしろどの夫も喜んで日本食を食べているといえる。天ぷら、刺身、味噌汁、納豆、そばなど、日本食ならなんでもいいというが、味噌や醤油などの食材が高いので、これまでは頻繁には作れなかったようだ。両親の影響を受けて、子どもたちもほとんど日本食に抵抗はない。インドネシア料理でなくてはだめだというインドネシア人の夫はいなかった。

日本食は、現在、健康食とみなされ、高血圧に悩むキヨミさんの夫は、脂肪分の多いインドネシア料理を避けるようになり、毎朝味噌汁を飲むようになった。マサコさんの夫も、肝臓を悪くしたので、日本食のほうがあっさりしていて合うという。

しかし、通常の食事の中心はインドネシア料理である。それが経済的でもある。キヨミさんは、夫の好みでもあるので、インドネシア料理を一生懸命覚えたという。キミコさんも、夫といるときは、ほとんどインドネシア料理だという。夫の母親や親戚から教わることができたし、毎日の買物や料理はほとんどお手伝いさんがするので、日本の主婦とくらべて、その負担がないことは恵まれている。日本食は自分で作るという人もいるが、お手伝いさんに教えて作らせている人もいる。

インドネシア料理は最初、誰もが辛いと感じるが次第に慣れてくる。セトさんの場合は、いまでも辛いものがだめで、自分だけ辛さを避けているが、インドネシア料理は食べている。やし油(ココナツミルク)も、日本人には馴染みがないので、好き嫌いがみられる。クミコさんは平気だったというが、キヨミさんの場合は、食べられるまで時間がかかったという。このように味覚は新しい食事環境において、変化する場合が多いが、クミコさんは豚肉や鶏肉など、日本で食べられなかったものは、インドネシアに来ても食べられないという個人的事情をあげている。

インドネシアの市場で、初めて食材を手に入れようとしたとき、さまざまなカルチャーショックを受けた人がいる。牛の脳や尻尾を売っていたり、鶏をその場で絞めて、羽毛を剝いでもらったりするので、買物はいまもお手伝いさんに頼んでいるという。日本人にとっては、強烈な光景にみえるからである。そのような状況に慣れてしまった人も当然いる。

日本人女性のなかには、インドネシアに来て初めて、インドネシア料理を食べ、そのおいしさに魅せられたという人もいる。キミコさんは、インドネシア料理についてつぎのように語っている。「インドネシアに来てから食べ物についてはまったくノー・プロブレム。辛いことで知られる西スマトラのパダン料理も抵抗がまったくなかったし、ココナツミルクもチャベ（練り唐辛子）も問題がなかった。インドネシアの気候が暑いせいか、和食が続くと耐えられない。辛いものが食べたいと思って、パダン料理店へ飛び込んで食べたりします。インドネシア料理ってスパイスが効いていておいしいですよ」と絶賛している。

アンボン出身の夫と結婚したチノリさんは、アンボン料理もジャカルタで食べるジャワ料理もパダン料理もとにかくおいしいという。日本料理も好きでよく味噌汁は作るが、和食のレパートリーが少なくなっており、いまはインドネシア料理が好きになっていると述べている。このような食の体験から、彼女たちがスムーズにインドネシア社会のなかに入り込めていることがうかがえる。また反対に彼女たちの夫や家族も日本食に慣れ、相互交流的な状況がみてとれる。

インドネシア料理といっても、民族によって料理が異なるので、ノブコさんは西部ジャワのスンダ料理やジャワ料理を食べる。しかし、パダン料理は子どもたちはおいしいというが、味がしつこすぎるし、野菜が少ないので食べないという。夫もスラウェシ島のマカッサルの海岸育ちなので、焼き魚料理が好きだといい、日本でも焼き魚があるし、味が合うという。夫がスンダ人であるヒトミさんは、結婚当初、夫の母や姉からスンダ料理を学んだ。魚料理や生野菜の多い料理である。しかし、夫たちはすでに述べたように日本食も大好きだし、アメリカなどの食生活にも慣れていたそうである。しかし興味深いのは、年をとるにつれ、インドネシア料理やスンダ料理を食べたくなってきたことである。

異文化結婚した家庭は、通常の結婚をした家庭より、言葉だけでなく味覚の面で、複数の料理文化を享受できるという利点があるし、異質な文化への挑戦の機会を広げるものである。しかし、味覚はきわめて個人的な分野でもあるので、努力しても変えにくいところがあるのも事実である。また年齢によって、健康状態によって、食生活が変わってくることも興味深い。

つきあい

慣れなければならない最大の課題は、親戚や近所とのつきあいである。大家族で育っているチノリさんの夫は、たくさんの親戚がいつも自宅に泊まっていることが自然である。また、人が来たら食事をもてなすのが習慣となっている。核家族の生活に慣れていたチノリさんは、結婚当初、八人もの家族がやって来て一緒に生活しはじめたことにびっくりしたという。

マサコさんも、インドネシアの家族主義にカルチャーショックを受けた一人である。一人でいると変わり者扱いされるので、一人で部屋にいることができず、結婚当初はそのうっとうしさにストレスを感じたという。つきあいが多く、墓参りやら、葬式やら、年中集まりに出ていかなければならず、当初は面倒臭いと思ったが、いまでは気にならなくなったと語っている。近所づきあいも、いずれ世話になるんだと考えるようにと助言され、またいろいろサポートしてくれることで、慣れてきたという。とくに夫を亡くしてからは、隣人や親戚がよく声をかけてくれ、共に生きていくことの重要さを感じている。

ヒトミさんは一人娘だったので、夫が兄弟姉妹を大事にすることや彼らとのつきあい方がわからず、最初は戸惑い、たいへんだったという。だんだん年をとってきて、いまの状態になると、たくさん兄弟がいて、みんなサポートしてくれて、それはありがたいことだと思うようになったと語っている。キミコさんも、夫の両親がフローレス島から来て三、四年、子どもたち四人を含め、八人でワイワイ暮らした。両親にはお小遣いをあげたり、洋服を作ってあげたりしたが、夫の両親なのでそれが当たり前のことと思っていたという。

夫の職業によって、つきあいの範囲が異なることは明らかである。ヒトミさんは、夫が政府の役人や銀行員をしていたとき、それぞれの職場の婦人会（ダルマワニータ）に参加してその活動が忙しかったという。職域の婦人会活動で、その頂点にはスハルト元大統領の夫人がいた。

夫たちが賠償留学生の第三期ということで、その同窓会が組織されている。マサコさんの場合、夫同士は忙しくて会えないが、妻たちは一カ月に一度は会っているという。妻たちは日本人とインドネシア人からなり、もう一五年もその会合は続いている。

彼女たちは、職場や隣近所や親戚、友人たちと、アリサンとよばれる交際グループにいくつか参加している。月一回程度集まり、各自お金を積み立て、抽選でまとまったお金を利用できるという、無尽講のような組織である。五、六人から五〇人と人数もルールもまちまちで、都市にも農村にも、お手伝いさんの間にも、日本人女性たちの間にも存在する、気の合った、似た者同士の集まりである。交流を通じて、情報交換のできる貴重な機会ともなっている。

クミコさんは、夫の造船関係の職場の人たちと長らくアリサンを続けている。北スマトラのバタック出身でムスリムのクミコさん宅では、マルガ（親族）の間のアリサンがあって、大勢の人が集まる。ヒトミさんの場合は、アメリカ滞在経験者、とくにボストンにいた友人たちとのアリサンに参加しているという。

インドネシア人との友人関係が続いているというキミコさんは、日本の友だちよりざっくばらんで、一度信頼関係をもつと、本当に応えてくれるという。家族ぐるみのつきあいもあるという。

異文化結婚のたいへんなところは、国と国の関係、彼女たちの場合、インドネシアと日本の関係が悪くなった場合である。まわりの目が変わってしまうという。そこで重要なことは、日ごろの緊密なつきあいがあれば、仲間として彼らは守ってくれるという実感である。

彼女たちにとって現在重要な活動は、一九九七年六月から始めたひまわり会の活動である。現在二〇〇名以上の会員をもち、情報交換、相互扶助を主とする機関紙を発行している。

生活習慣

彼女たちは異国の地で生活を始め、自分で変えられることは自分から変える努力をしている。自分はインドネシアに来たんだから、不平不満をいっても仕方がない、できる範囲のことは努力して適応してきたという人が一般的なようだ。その分、みんなたくましくなっている。

熱帯の毎日の生活で欠かせないのが水浴び（マンディー）である。通常インドネシア人は、朝起きると水浴びをする。気分も爽快になる。夫は水でするのに慣れているが、妻たちのなかにはお湯でないとできない人が多い。その影響で子どもたちもお湯でないとできない。熱帯とはいえ、朝はかなり涼しいからという。生活習慣のなかで、変わりにくい部分の一つとしてあげられる。トイレの慣習も田舎に出かけたとき、トイレットペーパーはなく、水でしなければならないことに抵抗感があったという。

イスラームの風習として、袖なしを着たり、肌を露出することをとがめられたり、水着姿を見られることは好まれない。それゆえ西洋スタイルのホテルを除き、インドネシア人女性が水泳をしているのを見ることはほとんどない。

また、異性とのかかわりもきわめて慎重にしなければならない。たとえば、親戚の男性が来ても、夫以外の異性とは原則的に話すことができない。しかし異文化結婚の利点は、外国からやって来る女性たちに、生活慣習のすべてを変更することを求めないことである。お客さんあるいは異端者扱いで、その分、逸脱に目をつぶってもらった経験があるとキミコさんは言う。彼らが彼女の存在に寛容なのである。嫁姑のトラブルはなかったという。つまり何かを教え込もうとか、自分のやり方を習わせようとするとトラブルが起こるが、姑がそんなことを諦めているとトラブルもないのである（実際は嫁姑の問題は起きており、それをめぐっての相談が『ひまわり』に掲載されている）。

お客が来ると、とにかく食事の支度をするのが習慣なので、子どもが大勢の友人を連れて来ると、チノリさんは、彼らに食事を出してもてなすのがたいへんだという。人間関係に関する習慣はなかなか変わりにくいので、インドネシアにいるのだからと、いかに早く割り切っていくかがテーマであるように思う(8)。

インドネシアでは、月給は十分でない家庭でも、必ずといっていいほど、お手伝いさんを雇える。掃除、洗濯、買物、料理、子守など家事労働の手助けになっている。それだからこそ、ほとんどの女性が外で働くことができた。日本から親を引き取り、一緒に生活した家でも、お手伝い

さんがいて、親の面倒をみてもらえたことは、日本ではできない贅沢であった。(9)

娯楽

気晴らしとしてみんなが一様にあげるのは、テレビである。とはいえインドネシア語で見る番組はニュースが主である。インドネシア語のドラマや音楽番組を見る人は少ない。衛星放送が入るようになると、料金は高いが、NHKの日本語放送を見るようになった人が多い。インドネシア語の放送だとあやふやな理解しかできなかったり、日本からのテレビ放送はインドネシアでは知らされないことを知ることができると、みんな喜んでいる。

七六歳になるエツコさんは、「あと命は短いのに、日本語もろくに聞かないで死ぬのはいやだ」と語っているが、最近料金が急騰し、継続して見られるかと心配している。母国を遠く離れた人にとって、活字以上に母国語のテレビは、束の間の安らぎと楽しみを与えているようである。映画を見に出かける人はほとんどいない。

仕事と女性

インドネシアでは専業主婦は稀である。お手伝いさんや子守を安価で雇うことができるので、妻たちは能力をさまざまに生かして仕事に就いている。そういった点で、日本にいたらできなかったこともできたといい、異文化結婚のプラスの側面としてあげる人もいた。しかし彼女たちの多くは、帰国したころのインドネシアの経済状況の悪さ、たとえ夫がエリート公務員でもまだ若いし、生活していくには十分な給料ではなく、妻たちの仕事は家庭を維持していくのに不可欠であった。

とくに手に職のあった人たち、洋服の仕立てをしたり日本人学校の音楽教師をしていたキミコさんは、彼女の収入が家計の助けになったという。エツコさんも、公務員の夫を助けるべく、かなりの間、洋服の仕立てや映画の翻訳などを手がけて生計を助けていた。また日本人の感覚が残っていたと彼女は述べていたが、土地の価値を早くから認識し、ハッジに出かける人から土地を譲り受けたりして、不動産事業を営み成功した。

夫に先立たれた人が何人かいたが、彼女たちは生活のために、新たな仕事に挑戦している。最近夫を亡くしたセトさんは、日系企業に勤め、日本人とインドネシア人社員のコーディネート、調整役として活躍している。労働の場で異なった意見や見方を調整する仕事から、人と人の関係のあり方を学ぶことができたという。ヒトミさんは夫の亡き後、ホテルを経営するようになった。

インドネシア人の性格と行動様式

ほとんどの日本人女性は両親や家族の反対を押し切って、結婚に踏み切った。そのような強い意志があったからこそ、さまざまな困難も乗り越えられたに違いない。さらに彼女たちがあげるインドネシア人の温かく優しい性格、礼儀正しい行動様式は、新しくインドネシア人になる過程で学んだインドネシア文化の一側面であった。それを発見することは、日本人との相違を意識させることでもあった。

インドネシアには、かつての日本にあった「困ったときはみんなで助け合う」という精神が生きているという。日本では病気で入院しているときなど、お礼やお返しがあるから知らせないということがあるが、こちらでは見舞いはあっても、お返しもないし、入院などしたらすぐ電話がかかってくるし、病気だから側にいて、見守ってあげたほうがいいのではないかと訪ねてくる。キヨコさんは、夫に、日本人のようにお返しをすぐしないようにと言われた。せっかく好意で持ってきたものを突っ返すようになるから、絶対だめという。そのかわり何カ月か後にその家に行くときに何かを持って行けばよいという。

礼儀正しさは、見知らぬ他人との関係や家族・親戚の間の礼儀作法にもよくみられる。インドネシア人は知らない人同士でも話ができるし、紹介されれば握手もする。映画館やパーティでの座り方でも、男女が座っているとき、男の側に男が座るように配慮するところがある。日本のお嫁さんなら食事の片づけはすべてするのが普通だが、インドネシアでは目下の者の皿は下げないという。夫と母親の分だけをすればよく、やりすぎると女中だと言われ、笑われてしまう。

とくにジャワ人の場合、目上と目下の行動様式を学ばなければならない。大きな声で話さないとか、目上になったら、決して頭ごなしに命令はしない。ナツエさんの義理の姉は、彼女に対してズバッとは決して言わず、「こんなことできる、できたらやってほしいんだけど」と柔らかく、婉曲に話してくるという。そうするとちょっと無理かなと思っても頑張ってみましょうということになるそうだ。このように、インドネシアの社会で長く生きていく過程で、他者への配慮の仕方、話し方など、日本では気にしなかった文化の側面を学んできたという。

インドネシア人の率直さも、当初は違和感を覚えることがあるという。マサコさんの場合、インドネシア語を間違えたとき、日本人だったら、外人だからしようがないと大目にみるが、こっちの人は笑うという。日本人だったら、そのくらいわかってくれて、人の間違いを指摘しないのにと、ショックを受けたと述べている。彼女の夫も、インドネシア人は、耳で聞いておかしいことは笑うと説明してくれたという。それは他人、外人扱いしていない率直さと同じレベルで彼女に対処しているし、彼女もそれでさらに勉強することになるのである。

そのほか気がついたインドネシア人の性格は、良く言うと表面的におおらかであること。あまり気にしないし、深く考えない。季節感がないからか、いつも果物が実り、いつでも食べられるという感覚が生まれやすい。あまり先のことをくよくよ考えたりしない。

反対にインドネシア人の夫の行動が、通常のインドネシア人と異なるように感じるのは、二十数年日本の企業に勤めていたノブコさんの夫が、日本人の良い面を学んで、退職後自営の下宿の事業をしていることであり、彼女もその点を評価している。ヒトミさんの夫もとても気がつく人で、仕事も後で後ではダメというように、通常のインドネシア人とは異なった行動をとるようになっている。

両親やお爺さん、お婆さんを大事にするといったようなところに、昔の日本人の心がいまも立派に継続していると感じたキヨミさんは、インドネシア人全般に人間的なやさしさがあるのではないかと指摘している。一方、インドネシア人のなかには、良くない行動をする者も多い。物を壊すことへの罪悪感（各種暴動、焼き討ちなど）がないとか、他人の物を平気で使ったり、借りたものを返さないことなど、イスラームの教えが生活倫理として生きているとは思えないと語っている。

インドネシアでの結婚生活についての感慨

インドネシアで結婚生活を始めたとき、またその後の生活のなかで、強く感じたことは何なのか。彼女たちの話の断片からうかがえるものを集めてみた。

ヒトミさんは、結婚生活の間、まわりの人がとても親切にしてくれて、またよく盛り立ててくれたと思っている。彼女自身も、「もう一生懸命生きてきましたね。ものすごくいやになったことはありませんでしたから、いままで。最初はわからなかったですからどこにでも出ました。わからなければ、わからないから教えてと言って、頼みました。冒険心が強かったのかもしれません」。また、「日本でできないことができた。あのまま日本にいたら、普通の家庭の主婦になって終わっていたんではないかと思っている」と、インドネシアでの生活を積極的に肯定している。

結婚するときも、野次馬根性があったし、インドネシアの言葉も、つきあいも、料理もみな好奇心をもって取り組んだというキミコさん。他人に「よく耐えていられるわね」としばしば言われたが、自分がものに動じないというか、くよくよしない性格のせいかもしれないと分析している。マサコさんは、結婚で自分の生活が変わったと言っている。引っ込み思案で、非常におとなしかったが、「引っ込み思案じゃダメなんだ、自分で出て行かないと、言葉も覚えないしと考え行動しているうちに、次第に変わっていった」と語っている。夫も積極的に後押ししてくれたという。

異文化結婚して、日本にいたら見られないことも見られ、また決まったルールしかない日本にくらべて新しい発見があったようだ。異なる言葉を覚えることで、人の考えの深さ、多様さを知ることができたとも語っている。そこには新しいものを積極的に受け入れようというチャレンジ精神があったと思う。

一方、結婚後、遠く離れた故郷をどのように思っているのだろうか。また両親や兄弟・親戚との関係はどうなっているのだろうか。

マサコさんは、日本の冬景色が見たいという。日本の冬景色にとても郷愁を感じるのである。インドネシアには冬がないので、汽車の窓から雪が見えることを連想するという。親の反対を押し切ってインドネシアへやって来た人も多いが、子どもの一人を日本の母親と住まわせていることで親孝行をしたり、一人になった母親をジャカルタに引き取ったりした人もいて、その後、親との関係が回復している。また兄弟、甥姪の訪問も随時あり、日本との交流は頻繁な家族が多い。

彼女たちの結婚はほとんどすべて強い反対を受けている。キヨミさんも両親から強い反対を受けた一人である。親子の縁を切るとまで言われてジャカルタに来たという。そこまでして来たからには帰るわけにもいかず、どんなことがあってもここで幸せにならねばと思って、ここまでやって来た。そのため、言葉や料理などインドネシアに馴染むことに一生懸命だったという。セトさんもチノリさんも親から強い反対を受けたが、その分、強い意志でここまでこれたという。クミコさんの場合、結婚当時は、お金もなかったし、いまのように帰れるとは思っていなかったので、早くこちらの生活に慣れなければと思って生活してきたと、悲壮な気持ちを打ち明けてくれた。

インドネシアに来てもう五〇年になるエツコさんも、結婚を両親に強く反対された一人だが、持ち前の意志の強さでインドネシア人になろうと努めてきた。年老いた母親をよび寄せ一緒に住み、最期を看取った。年老いたいまは、自分のしたいように生きることを心がけているという。ヒトミさんも一人娘で反対を受けたが、インドネシアでの生活は居心地よく、楽しめたという。インドネシアの外で生活したときも、ホームシックになるのはインドネシアだったというほどである。一様に、日本にいたら発揮することがなかったかもしれないような、隠された強い意志によって、異国での生活を乗り切ってきた様子がうかがえる。

おわりに――異文化結婚から学ぶもの

異文化結婚によって、見知らぬ異なった文化をもつ二人が生活を始める。異なった文化は時としてうっとうしく、ストレスを感じさせることも多い。同じ文化に育った者同士でも、互いに理解し合えず言い争うこともままある。インドネシア人と結婚した日本人女性は、言葉では説明できないような苦難にさらされたこともあったに違いない。しかし二人の男女の出会いは文化の壁を越える力があり、また文化と文化の出会いが二人をまったく異なった人間にすることがある。

ジャカルタで二七年暮らすマサコさんは、「自分を日本人だってことは、いまそんなに自覚していません。新しい自分ができあがっちゃったという感じですね。夫も私をもう日本人とは意識していないみたいです」という。新しい人間が生まれるかどうかというのは、文化と文化がダイレクトにぶつかる最前線にいるからかもしれない。

他の妻と同じようにインドネシア人の夫と日本で出会ったキヨミさんは、「夫が日本語をしゃべり、日本食にも慣れていたから、デートのはじめは変な顔をしているなと思ったが、そのうち人間の目って恐ろしいことに、ちょっと色が黒くても、気になんなくなっちゃうし、何日も会っているうちに、そのへんがわからなくしまった。それで、まるで、外国人と結婚する気持ちはあんまりなかった」と語っている。

人間は相手の人間が好きになると、あるいは相手の文化を好きになると、相手やその民族の文化を受け入れても良いという寛大さが醸成され、そこに新しい自己が生まれてくるようだ。そこには自己を変貌させる異なった他者の存在が前提となることはいうまでもない。

自己の文化に育まれてきた女性が、結婚を契機として、地理的に遠く、まったく異なった文化をもつ男性の祖国で生きるとき、相手の男性個人をどのように理解するかということと同時に、その男性をつくりだしてきた文化をどのように理解するかという問題につねに直面することになる。とりわけ異国に生きる女性たちが、人間の自由な意志と努力によって、言語や宗教や生活習慣などの文化的障害を柔軟に乗り越えていることに私たちは勇気づけられる。

そのような女性たちの変革的努力を支えているのは、配偶者＝他者の存在である。異文化結婚を実践している人たちは、意識するにせよしないにせよ、それぞれの文化を互いに乗り越えようと努力している。それは同時に、異文化を理解しようとする努力と同時並行的になされていると考えられる。

今日の私たちは、民族や国家などの境界の枠のなかで考えたり、行動しがちであり、またステレオタイプ化したイメージで他者をとらえがちである。それゆえ対立と確執は歴史を越えて持続する傾向がある。しかしながら、異文化結婚にみられる個人レベルの交流は、互いに他者を必要とする共生の精神によって、対立と確執を越えて、新たな関係と状況をつくりだしていくことができる。現代はまさに異文化結婚を実践する人びとの生き方から学ぶことが多いのではないかと思われる。

註

（1）筆者の異文化結婚に関する研究は、一九九七〜九八年度日本大学総長指定の総合研究「国際摩擦の総合的研究」に参加し、国際関係学部の佐藤三武朗教授・植山剛行助教授と「民族の出会いと共生」を担当したことに負うことが多い。筆者たちはゼミ生の協力を得、共同で三島地区の国際結婚家族を調査したほか、筆者単独でジャカルタ在住の日本人妻を調査した。本章はその研究成果の一部である。

（2）吉田正紀『民俗医療の人類学—東南アジアの医療システム—』古今書院、二〇〇〇年

（3）インドネシアへの戦時賠償供与の一環として、一九六〇年より一九六五年まで三八五名のインドネシア賠償留学生が、五次にわたって派遣された。初年度は国際学友会で日本語研修を受けた後、それぞれの専門分野の研修のために全国の大学で学んだ。彼らのなかには日本人女性を妻として連れ帰った人も多かった。一九六五年の興安丸では、一二名の日本人妻がジャカルタに向かった。

（4）インドネシアは多民族国家で、一〇〇〇以上もの異なった民族が存在するとされている。しかしな

がら、その多くは人口数が少なく、一〇〇万人以上の民族は一五にすぎない。二〇〇〇年のセンサスによれば、インドネシアの総人口約二億人のうち、最大の民族はジャワ人で約八三〇〇万人である。民族によってその規模は多様である（Suryadinata, L. Evi Nurvidaya Arifin, Aris Ananta, "6-9 Indonesia's Population : Ethnicity and Religion in a Changing Political Landscape", Institute of Southeast Asian Studies, Singapore, 2003 参照）。記載されている一〇一番目の民族のゲビ・ゲベは二九〇〇人である。

（5）白河桃子は、バリに嫁いだ日本人妻にとって共通の悩みである子どもたちの日本語教育についてレポートしている（「私がインドネシアに住む理由」『AERA』二〇〇〇年五月一五日、四四―四六ページ）。

（6）インドネシアの人口の約九〇パーセントがムスリム（イスラーム教徒）であるが、ムスリムは通常二種類に分類される。いわゆる「敬虔なムスリム」と「統計上のムスリム」あるいは「名目上のムスリム」で、ほぼ半々であるとされる。信仰への態度やみなりで見分けることができるという。敬虔なムスリムは一日五回のお祈りをきちんとし、時間があるときさらにお祈りをし、断食月の断食をきちんと行い、日ごろコーランを読み、週一回のイスラームの会に参加し、できればメッカに巡礼したいと考え、男性は髭をはやしている。名目上のムスリムとは、お祈りは一日一回くらいだし、断食も途中でやめたり、ビールはお酒ではないと考える融通性のあるムスリムである。髭をはやしていない（白石隆『東南アジアのイスラム』社団法人如水会、二〇〇五年参照）。

（7）「ハッジ」とはイスラム教徒の義務の一つで、ヒジュラ暦一二月八日から一〇日、メッカのカアバ神殿に巡礼することをさす。人生のうちに一回はすることが望ましいが、巡礼を行える体力と財力に余裕がある者が行えばよいとされる。巡礼を行ったムスリムは「ハーッシー」とよばれ尊敬される。

（8）『アジアン・パートナー』（スリーエーネットワーク、一九九七年）の共著者であり、バングラディッシュで暮らす日本人妻と結婚したモアゼム・フセインさんは、異文化結婚をうまくやってきた秘訣を問われて、「ここは生活習慣が日本とはたいへん違う国です。妻にはできるだけ私の親戚や家族とのつきあいをさせないようにしてきました」と述べている。人間的にすぐれていても、真面目に考えすぎて「郷に入れば郷に従え」とばかりに無理に相手に合わせたり、合わせようとして失敗した異文化結婚の例は多いはずである。「郷に入りて、郷に従わず」も共生のあり方の参考となるかもしれない。

(9) 白河桃子「私がインドネシアに住む理由」『AERA』二〇〇〇年五月一五日、四四―四六ページ。

2

インドネシアに嫁いだ若き日本人女性
グローバル化時代の異文化結婚

はじめに――グローバル化の影響

近年進行する経済・社会のグローバル化は、人びとの国境を越えた活動や移動をさらに容易なものとしている。日本人の海外旅行者数も飛躍的に増大しているように、留学などにより異文化社会で生活するなかで、国籍や民族、宗教、人種、言語の違いを越えて若い男女が出会い、その後、夫の母国で結婚生活を送っている女性を多くみかける。

私はここ五年ほど、インドネシアや日本で、日本人の男女やフィリピン人、インドネシア人女性とのインタビューを行いながら、文化の境界を越えて生きる人びとの新たなライフスタイルをみてきた。異文化結婚にもとづくライフスタイルが、グローバル化の波によってどのような影響を受けているのか。とりわけ、日本人女性の海外でのライフスタイルが、世代によってどのように変化しているのかに関心をもっている。

二〇〇三年の夏、私はインドネシアのジャカルタで、インドネシアで異文化結婚している三〇〜四〇代の日本人女性一〇名にインタビューを行った。(1) 本章はそのときのインタビューをもとに、彼女たちが語る異文化結婚と彼女たちのライフスタイルについて報告する。

欧米で出会い、インドネシアに嫁ぐ——出会いのパターンの変化

一九九九年、私がジャカルタで会った五〇〜六〇代の日本人女性の大多数は、夫が日本に留学しているときに日本で出会い、結婚してインドネシアに生活するようになった（本書第1章）。一方、二〇〇三年に会った三〇代を中心とした女性たちは、インドネシア人の夫と、日本でもなくインドネシアでもない第三国、とくにアメリカ、イギリス、オーストラリアなどの英語圏の国で出会っているケースが多い。

インタビューした一〇名の女性（表2）のうち、そのような人たちは、アメリカ三名、オーストラリア二名、イギリス一名である（その他は夫が日本に留学中が二名、女性がインドネシアに留学ないし就職二名）。このような傾向は、ジャカルタにある「ひまわり会」（日本人妻の会）について

表2　インドネシア人と結婚したジャカルタ在住の若き日本人女性

氏　名	年齢	学歴	職業	夫の民族	夫の宗教	夫との会話	出会い
カナコ	37	大学	主婦	スンダ	イスラーム	英語	アメリカ
ナルエ	41	短大	公務員	マナド	プロテスタント	日本語	日本
レイカ	37	大学	会社員	スンダ	イスラーム	日本語	日本
リ　カ	33	大学院	会社員	ジャワ	イスラーム	インドネシア語	インドネシア
サ　キ	29	大学	会社員	ジャワ	イスラーム	インドネシア語	インドネシア
シ　ホ	42	大学（米）	公務員	スンダ	カトリック	英語	アメリカ
ジュン	33	短大	会社員	華人	仏教	インドネシア語	オーストラリア
ナオミ	32	大学院（英）	主婦	バタック	プロテスタント	インドネシア語	イギリス
ミ　コ	39	大学	会社員	華人	仏教	英語	オーストラリア
ミ　エ	32	大学（米）	主婦	ジャワ	イスラーム	インドネシア語・英語	アメリカ

注）名前は仮名、2003年現在。

のアンケート調査(2)によっても裏づけられている。竹下によれば、一九八八年以降、インドネシア人男性と日本人女性の出会いが、日本でもなく、インドネシアでもない第三国であること、また両者が学生であること、夫婦の会話が英語になっていることを明らかにしている。

欧米文化や言語へのチャレンジ——海を越えた連帯感の芽生え

彼女たちは、短大ないし四年制の大学を出た後、しばらく仕事をしていた人もいるが、英語の勉強をしたくて海外に脱出を試みた。留学先で、四年制の大学や大学院修士課程を終えた人もいる。なかには高校からアメリカに渡った人もいる。好奇心旺盛な、新しい世界への挑戦者である。彼女たちの関心はもっぱら欧米に向けられており、とりわけ英語の上達にあった。

だが、彼女たちが留学などで海外生活をするなかで親しくなりやすかったのは、アメリカ人でもイギリス人でもなかった。同じ英語を学ばなければならない境遇におかれた、世界各地からやって来た留学生たちである。とりわけ韓国や中国などの東アジアの人たち、それにタイやマレーシア、インドネシアなどの東南アジアの人たちである。

彼らとは欧米世界に英語を学ぶ目的で滞在し、欧米社会へ適応するという共通の目的があった。欧米社会のなかで自分たちは異邦人であることに気づかされ、そうした共通面で互いをみるようになっていった。さらに、米食を中心とする食文化や宗教・信仰の面などでも理解しやすく、連帯感を抱きやすい土壌があった。彼らとの間には異文化さえも感じなかったという人もいる。アジアの若者たちにとって、日本に対するイメージは決して悪いものではない。また、彼らの家族がすでに日本や欧米の文化に触れている場合も多い。さらに、孤独や男女間の感情など心理的な影響もあるかもしれない。ともあれ、そこには勉学や生活の面で助け合い、励まし合う関係が生まれる素地があった。

インドネシアに来て、初めてインドネシアを知る

インドネシアで結婚生活をしている日本人女性たちは、結婚するまで、インドネシア留学経験者を除き、世代を越えて、インドネシアについての知識や関心はほとんどなかった。ある人は、未来の夫になる人に向かって「あなたもあれでしょ。自分の国に帰ったら、槍を持っているのでしょ、なんて言っちゃった」という女性もいたほどである。

とりわけ欧米でインドネシア人と出会った日本人女性は、夫が生活してきた社会や文化に無知であった。また多くのインドネシア人の夫も、日本語や日本文化のことを知らずに、英語によってコミュニケーションをとっていた。現在は、夫とインドネシア語で話す人がほとんどだが、インドネシアに来るまでインドネシア語を習ったことも、聞いたこともなかった。そのため結婚してインドネシアで生活していても、二人でじっくり話すときの会話は英語である場合が多い。

インドネシアで生活していくために、また義理の父母や親戚、友人、学校の先生らとはインドネシア語でコミュニケーションしなくてはならない。そのため、インドネシアに来た当初は、身ぶり手ぶり、筆談を交え、辞書を片手に、義理の母やお手伝いさんなどから一生懸命インドネシア語を学んだという。カナコさんは、義母と同居しはじめた三カ月間、集中してインドネシア語を学んだという。生きるために学んだのだという。現在、ほとんどの女性はインドネシア語の日常会話に不自由していない。

日本人女性は、熱い熱帯の気候や必ずしも健康的とはいえないような環境を経験しただけでなく、日本や欧米とまったく異なる文化に遭遇する。とんでもないところに来てしまったと語った女性もいた。インドネシア語だけでなく、インドネシアの家族とのつきあいや料理・食べ物、それにイスラーム教など、これまで経験したことのないものばかりであったからである。

核家族のなかで生きてきた日本人女性が、親子関係や兄弟関係を重視する大家族のなかに放り込まれる。週末や仕事の帰りには、夫の家族を訪ねたり、また突然の訪問を受けることがある。最初は戸惑いながらも、それらに対して徐々に柔軟な姿勢をとれるようになっていく。そうすることによって、夫や夫の家族から信頼を得るようになっていく。現在は、多くの若い日本人女性たちは夫や夫の家族から気遣われ、大事にされている印象を強く受ける。なかには強く自己主張している人もいる。

譲らない日本語教育

若き日本人女性が、インドネシアの宗教や食べ物、つきあい方、インドネシア語には柔軟な姿勢をみせる一方、譲らないのは子どもへの言語教育である。それは日本料理をすることとともに、日本人女性のアイデンティティと関係するからかもしれない。

五〇～六〇代の女性の場合は、夫から子どもをインドネシア人として育ててほしいという要望を受け入れて、一生懸命覚えたインドネシア語で子どもたちに話しかけていた。そのため彼女たちの子ども世代には、「私、日本語少しも話せないの。ママが教えてくれなかったから」といった三〇代の女性もいた。若いお母さんたちは、彼女たちから「子どもに日本語を教えておきなさいよ」と言われたという。子どもたちが成長する過程で、日本語をしっかり習わなかったことが、たとえば就職するときに、日本企業に就職できなかったり、不利に働くことがあったからだ。

しかしながら、インタビューした若き日本人女性のなかで、日本語で子どもと話さない人はいなかった。「日本語でしか、自信をもって話しかけられない。自分の気持ちを伝えられない」とか、「いない・いない・ばーも、日本語でなければ、伝えられない何かがある」とカナコさんは語っている。二〇〇四年、バリやバンコクで会った同世代の日本人女性も、同じように子どもたちに日本語で話しかけていた。

子どもたちが日本語を話すことに対して、インドネシア人の夫の反応はどうであろうか。インドネシア語は、インドネシアに住み、インドネシアの学校に通っているうちに身につけるので、子どもたちは父親とはインドネシア語で会話をしている。母親が日本語で子どもたちに話しかけることに反対する夫はいないし、むしろ協力的である。二人とも自国を離れ、異文化で生活していくうえで、異なった言語を学ぶことの難しさと利点を認識しているからかもしれない。

夫の両親や親類のなかにも海外留学や居住経験者がいて、異なった文化や言語をもつ日本人女性の立場に理解と協力の態度がみられる。第三国で出会い、夫婦の会話が英語である家庭のカナコさんは、共通語としての英語を子どもたちと使う日を決めているという。例外的ではあるが、日本語とインドネシア語、英語というトリ・リンガルの家庭も見受けられる。

多言語環境を生き抜く

夫婦の会話は出会いのときの言葉が話しやすいので、英語、日本語、インドネシア語など多様である。問題は、夫の家族や親戚と会ったときである。レイカさんの家では、スンダ語が飛び交う。彼女は「私がインドネシア語ならわかるのを知っているのに、自分たちの言葉でしゃべっているのは意地悪だ」と不満を語っている。「せめて私といるときは、インドネシア語にしてくれ」と頼んでいる。サキさんは、夫の親戚が来るとジャワ語で話すので、「会いたくない」と言ったら、インドネシア語にしてくれたという。彼女も「自分の民族の言葉で話すのは失礼」と手厳しい。「互いにわかるインドネシア語で話せばいいのに」と若い世代は、はっきりものを言う。

日常的にジャワ人はジャワ語、スンダ人はスンダ語、華人は中国語なので、つい出てしまうようだ。ジャワ人と結婚したサキさんは、夫にインドネシア語で話しかけたとき、聴いていないときがあると言う。ジャワ語で言うと返事をする。「この人は本当にジャワ人なのだと思う」と語る。だから彼女は親戚が来て、ジャワ語を話しているとき、「私には話しかけていないんだ」と思って、ぜんぜん聞いていないという。

華人の家庭に嫁いだジュンさんは、自宅で家族が中国語を話しているので、「まあ、聞いてるだけですね」と語っている。月一回の親戚との会食や週末の買い物、食事の招待があっても、中国語がわからないため、それがつらいと言えないので、結婚当初苦しかったことを覚えているという。彼女のようにはっきりとは反発しない女性もいる。

レイカさんの義理の母は、彼女にすごく押しつけがましく、「スンダ語を覚えろ」と言うそうだ。「それだったら、中国語を勉強して、キャリアアップすると言ってあげた。正解だった」と語っている。彼女は対等にやりあっている。

「うちは私に合わせてくれる」というサキさんの家では、義父が「サキがわからないから、ジャワ語をしゃべらないように」と親戚に促してくれた。でも、いくら頑張っても、一時間ぐらいでジャワ語になってしまう。それでも最近、義母が少しずつ変わってきたという。同席していた友人たちは、異口同音に「良い家族だ」とコメントしている。レイカさん曰く「うちには、配慮という言葉はないな」。サキさんは、「嫁とは対立したくないというジャワ人の心を知っているので、つい言いたいことを言ってしまう」と反省している。このように多様な民族語の世界で生き抜くための、熾烈なあるいはユーモアさえ漂わせる闘いが垣間見られる。

多様な家族との出会い

インドネシア人と一口に言っても、それはインドネシア国民であるということでしかなく、夫たちはそれぞれの民族に属しているし、異なった宗教を信仰している。今回インタビューした一〇名の女性も、アトランダムに選択したにもかかわらず、夫の民族はスンダ人三人、ジャワ人三人、華人二人、バタック人一人、マナド人一人といったように多様であった。彼らの宗教帰属もスンダ人とジャワ人はイスラーム教、バタック人とマナド人はキリスト教、華人は仏教とそれぞれである。またカトリックのスンダ人もいた。さらに、イスラーム教信仰者も敬虔な人と名目上の人に分けられる。

それゆえ日本人女性の異文化結婚の経験は、インドネシア人と日本人の異文化結婚という枠組みのなかで一般化できないものがある。実際には、彼女たちの家族は、華人、ジャワ人、スンダ人、マナド人、バタック人など、それぞれの民族の夫との間につくられたものである。同じように海外で出会ったとはいえ、インドネシアで生活を始めると、そこには食生活、家族とのつきあい、宗教へのかかわりなどの点で、まったく異なった民族ごとの生活が展開しているのを知る。

華人と結婚した日本人女性

日本脱出

三三歳のジュンさんは短大を卒業した後、苦手な英語を克服したいという目的をもってオーストラリアに渡った。三九歳になるミコさんも語学研修のためにオーストラリアにやって来た。ともにシドニーの大学で学ぶ華人の夫と出会うことになる。二人には、それまでインドネシアやインドネシア人について知識や関心があったわけではない。

オーストラリアに来て、韓国人やインドネシア人、中国人などさまざまな国の人びとと直接出会ったジュンさんは、自国のことを説明できない自分にショックを受けた。ミコさんは、夫が「華人だが、国籍はインドネシア人である」と言っていたが、インドネシアの民族についてあまりくわしくは知らなかった。彼女も、海外に出てさまざまな国の人たちと出会うことで、新しい世界の存在を否応なく知らされることになる。

押し切った結婚

ジュンさん、ミコさんともに、日本の家族は結婚について大反対であった。それはインドネシア人と結婚したほかの日本人女性と共通している。ミコさんは結婚後、子どもができてから、夫が自分の父へ電話したり、写真を送ったりしているうちに許されたという。ジュンさんの父親は、娘が短大卒業後、普通の人生コースをたどってほしかったのに、海外へ語学研修、さらにその後も帰国せず五年間も働き、さらに結婚したいと言い出したので、逆上してしまったようだという。

このように結婚に至るまでにはさまざまなドラマがある。一方、夫の両親のほうは反対する人はいなかった。日本に行ったことがあったり、日本について好意的に評価している人が多い。

夫とのコミュニケーション

二人ともオーストラリアで出会ったころは英語を話していたが、結婚後、多言語の環境のなかにおかれることになる。ジュンさんは現在、夫と彼の家族とはインドネシア語で話すようになっている。

ミコさんもインドネシア語を話しているが、英語も日本語も使っている。とくに込み入ったことや大事なことは英語で話す。夫が日本語に興味をもっていて少しわかるので、怒ったときには日本語でまくし立ててしまう。すると彼は、「えっ、いま何て言ったの。辞書で調べるから」と反応することがあるので、テンポがずれてしまう。彼はもっと日本語を勉強したいと思っているらしい。日本人同士だったらどんな結果になってしまったのか苦笑いしたという。

中国語の世界

彼女たちは結婚後、家庭のなかで姑やお手伝いさんからインドネシア語を学んでいる。このことはどの民族のインドネシア人と結婚しても同じような状況である。しかしながら、各家庭で民族語の利用頻度は異なっている。

華人の家族の場合、中国語が多いのか、インドネシア語が多いのか、英語も用いられるのかで相違がみられる。日本では考えもしなかった状況に遭遇する。華人の家庭に入ってよいことは、結婚当初、ミコさんはインドネシア語を学ぶ際に姑と漢字で筆談ができたことである。

家族の言葉

ミコさんの姑は小さいころから家庭内で中国語を話している。息子には中国語で話しかけているが、彼はそれにインドネシア語で答えている。彼は漢字を読めないし、書けない。ミコさん夫婦の会話は英語であるが、七歳と五歳の息子には日本語で話しかけている。長男はインドネシア語で教えるカトリック系小学校へ、次男は英語で教えるインド系小学校へ通わせている。このように、ミコさんの家庭は言語的にきわめて複雑な状況にある。

食事のこと

ミコさんは義理の両親と同居しているため、ジュンさんは共稼ぎで夕食は帰りに実家でとるので、ともに食事は姑が本格的な中国料理を作る。料理は姑たちにとって生きがいでもあり、誇りでもあるので、お手伝いさんは洗ったり、切ったりする補助的なことしかさせてもらえない。ミコさんもジュンさんも、中国料理にはまったく違和感がないので、おいしく食べているという。姑から言葉だけでなく、中国料理、さらにはインドネシア料理も教わることになる。

自宅でも中国風の食事になるが、昼食は中国料理にこだわらず、屋台でインドネシア料理を食べたり、マナド料理やパダン料理、日本料理などの民族風レストランで楽しんでいる。

旧正月とお盆

インドネシア人で華人の男性と結婚することは、一般のインドネシアの社会や文化を知ることにはならない。むしろ華人の文化のなかにどっぷり浸かってしまうことになる。ジュンさんは、インドネシアについては職場の仲間とのつきあいから学んでいると言うほどである。

宗教やその他さまざまな慣習の面で、華人独特な風習に遭遇する。とくに旧正月とお盆は華人にとってきわめて重要な行事である。旧正月の前夜には家族・親族が集まり、会食をし、翌日、先祖の墓参りをする。ジュンさんは華人が縁起がよいとする赤い服を着用し、両親に挨拶をした後、線香をもって先祖の墓参りをする。

ミコさんも旧正月とお盆には、お供え物をもって祖先供養の墓参りとあちこちの寺院に参拝する。彼女の家では毎月一日と一五日にも近所の寺院にお参りに行く。鶏一羽と豚肉とスルメ、それに茶と酒、二本の箸を立てたご飯、それに赤いフルーツ、赤い線香や饅頭をお供え物としてそなえるという。家によって詳細は異なるが、旧正月とお盆の儀式への参加は、イスラーム教やキリスト教のインドネシア人と結婚した人には体験できないことである。

お産の風景

お産に関する風習や苦難に遭遇したときの祈禱や祈願の仕方にも、華人社会ならではの独特なものがある。ミコさんは結婚後、三年ほど子どもができなかったので、心配した姑は、華人の祈禱師（シンセイ）にみてもらうように促され、一度みてもらい漢方薬を処方してもらった。

出産後の風習は、たとえ病院で出産しても、伝統的な風習がある。それは華人の間だけでなくジャワ人やほかの多くの民族の間でも受け継がれている。ミコさんは二人の子どもをジャカルタで出産したが、その後の体験は華人の社会でなければ経験できないことであった。たとえば、華人の間では、出産後四〇日間は洗髪できないと信じられている。そのため最初の一週間のかゆさはたまらなく、二八日間我慢したが最後までは守れなかったという。産後に洗髪をして風邪をひくと、その後病気にかかりやすいからだという。

またジャワ人は、産後、体力回復の一つの方法として、ジャムゥという民間薬を飲むのが普通であるが、ミコさんは体力回復のために、生姜と酒で煮込んだ鶏肉を毎日二切れ食べるように勧められた。産後の特別の民間薬や食事療法は華人社会だけではない。結婚した日本人女性たちは、まさに「異なった文化と結婚すること」を実感する機会である。

イスラームの家族に嫁いだ日本人女性

インドネシア人と結婚した日本人女性の配偶者の大多数はイスラーム教徒であり、民族帰属ではジャワ人とスンダ人にあたる。今回インタビューした一〇名の日本人女性のうち五名がそうである。

すでに述べたように、イスラーム教徒といえども、信仰に熱心な家族と名目上の家族に分かれているので、イスラームの家族に嫁いだ日本人女性のイスラーム経験は多様である。とはいえ、イスラーム教にもとづく何らかの儀礼やつきあい、生き方をしている。毎日の食事やお祈り、年一回の断食、断食明けの大祭、メッカ巡礼、子どもの名前や割礼、コーラン教育など、ほかの民族や宗教をもつインドネシア人と結婚した女性とは異なった生活を送っている。

イスラームの伝統に従う

スンダ人に嫁いだ三七歳になるレイカさんは、インタビューしたとき、ムスリムらしく白いシヨールをまとっていた。夫の母親の家系がプサントレン（イスラーム寄宿学校）を経営しているので、結婚後三カ月間、そこで「お妃教育」を受けたという。ゴルフに行ったときも、ショールをとると「キャディーじゃないから、付けたままでいてくれ」と言われるそうである。「喧嘩するよりはいいか」と、彼女はムスリムの風習を受け入れている。

スンダ人の夫と結婚したカナコさんの家族も、敬虔なムスリムである。そのため三人の息子には、日本名のほかにイスラーム名をつけている。息子たちはイスラーム系の小学校に通い、自主的に一日五回のお祈りをしている。また彼らにはコーランの勉強のために週三回家庭教師を雇っている。

カナコさんの二人の息子が九歳と五歳になったとき、一人前のムスリムになるための割礼の儀礼（スナタン）が盛大に執りおこなわれた。義父が従兄弟を含め七人のスナタンをまとめて行い、招待客も驚くほど多かった。子どもたちにとっては、お小遣いをもらえてうれしい機会である。夫と義父は「男だから痛みを」と言っていたが、カナコさんは、「痛かったとか、こわかった」と言われないために、あえて二泊三日入院して、割礼は終えてしまったし、完治してから式を行ってほしいとの要望を聞いてもらった。子どもたちはこのようなプロセスを経てムスリムとして成長している。

カナコさん自身も、結婚当初三年間ほど、白いショールを身につけることで、インドネシアに適応しようと努力した。断食も家族と一緒に行っている。コーランの読み方は、子どもたちに追い抜かれたが、それでも子どもを通じてイスラームを受け入れるようになっている。彼女は「こちらではムスリムでないと非常に生きにくいから」と思っているし、そうすることが特殊だと思わなかったと語っている。

イスラームの生活とその変容

カナコさんは子どもには日本語を使い、自分で日本食を料理しているし、夫も日本食でいいと言っている。インドネシア料理は、土曜日の夜と日曜日の昼に、夫の実家でみんなで食べることにしているそうである。温かいバスタブもある。また子どもを含め、トイレの慣習もインドネシア式になりきれないところがある。

断食月には、腹持ちがいいからと、夫は朝は親子丼やチキンカツ丼などの日本食にしている。「もつんだよ。一膳食べるとおなかがすかないの。インドネシアの米より、日本の米のほうが」と、ムスリムの夫は水分の多い日本の米が大好きになっている。このように、女性がインドネシアにとけ込む努力をしていると同時に、夫も日本人の妻が少しでも異国で快適に生きられるように配慮と自己変容をみせている。

名目上のイスラームとは

一方、イスラーム教徒といえども、カナコさんやレイコさんと違って、ジャワ人と結婚したりカさん、サキさん、ミエさんは、ＫＴＰイスラーム（身分証明用・名目上のイスーラム）と自称している。リカさんは、断食をしているが、ふだんはお祈りをしていない。サキさんも、結婚のときはお祈りしたが、ふだんはお祈りをしていないという。

ミエさんの家族は生粋のジャワ人で、お祈りもしていない。それでもムスリムでいるのは、公の場で都合がよいからである。中部ジャワ出身の家族は、ムスリムというより、伝統的なジャワの宗教を信じているといってよい。ミエさん自身、結婚式をあげたジャカルタのグランドハイアットホテルで、当日「人魂を見た」と家族に話すと、先祖の祝福の合図だと受け取ってくれて、夫の家族の信頼を一挙に高めた経験がある。

そのほか土地の購入、家屋の建設の日どり、出産にともなう性格占いなど、ジャワのドゥクン（呪術師）に相談する家族である。義父は一九九八年の暴動を予言し、見えないものが見えるジャワ神秘主義の実践者である。夫も週一回、自分の生まれた火曜日には必ず断食をするジャワ人の倫理・哲学の信奉者である。とくに人前で大声を出したり、言い争いはしない。その生活倫理は敬虔なムスリムとは異なっている。

子どもの名前もイスラーム風の名前をつけたりはしていない。ミエさんら二人はアメリカ暮しが長かったせいか、子どもの名前は西欧風の名前しかつけていない。ミエさんは子どもに日本語で話しているが、将来何人になるかは子ども次第という。親戚の多くも海外経験した人が多く、兄弟とは英語で話せるという国際家族である。だが、彼らは公式にはイスラーム教徒である。

キリスト教徒と結婚した日本人女性

スンダ人でカトリックを信仰する家族に嫁いだシホさん、マナド人でプロテスタントの夫と結婚したナルエさん、バタック人で同じくプロテスタントの夫と結婚したナオミさんなど、キリスト教徒と結婚した日本人女性三人は、華人やムスリムの男性と結婚した女性とは生活経験にどのような違いがみられるだろうか。

スンダ人との異文化結婚

シホさんは、短大卒業後、八年ほどOLをした後、アメリカの大学へ行くことを決断した。そのときも、また同じアメリカの大学で知り合った夫との結婚も、両親に反対された。でもいまは「あのときの力はいったい何だったのかしら」と思うほど、人生と人の縁について考えるという。アメリカに住む実の姉からは、ラッキーな生活を送っていると言われている。

夫とは英語で話すが、夫に会うまで、インドネシアについての知識はなかったし、「インドネシアってどこかな」と思うだけであったという。別棟に住む義理の両親は料理やつきあいに配慮してくれるし、夫が出張のときには何かと心配してくれることに感謝している。義理の母にはインドネシア語やスンダ料理、インドネシア料理を学んだり、息子の話もする間柄である。

シホさんの義理の母はカトリックであるため、夫は小さいときから教会に行っていたという。聖書の教えが自然と身についていて、カミを信じているようであるが、生活面でカトリック色を出していない。いまも義理の母は土曜日に教会に出かけているが、シホさんは教会のなかが暑いこと、蚊がたくさんいること、インドネシア語の説教がわかりにくいことなどもあり、出かけることには躊躇しがちである。しかし、それはそれほど問題にされていないようだ。

義理の両親は日本にも行ったことがあり、英語も話すインテリである。夫の妹二人もアメリカ人と結婚してアメリカに暮らしている。そんなわけで、インドネシアではめずらしく個人主義的なところがみられる。家族がたくさん集まることは少ないし、近所や親戚の間でのアリサン（無尽講）にも加入していない。唯一、彼女の家に大勢の親戚が集まるのはクリスマスイブで、その日だけは賑やかになる。

マナド人との異文化結婚

ナルエさんと夫との出会いは、日本である。夫が留学生として六年ほど日本に滞在していた。そのため、二人の会話はインドネシアにいても日本語である。ナルエさんは、一四歳の娘をカトリックの学校に入れているが、娘とは日本語で話している。娘は小学校のときに一年間日本に住んだこともあり、日本のアニメーションが好きなので、ネイティブに近い日本語を話す。でも父親とはインドネシア語で話すことが多い。

ナルエさん現在、フルタイムで働いているので、料理はお手伝いさんまかせで、インドネシア料理を作ってもらっている。そのため娘も夫も日本料理を恋しがっている。そこでナルエさんが料理するときは、納豆、ラーメン、カレー、シチュウ、のり巻き、いなり寿司、餃子などをよく出すという。

義理の母と同居しているが、ほかの家庭より親戚が来るのが少ないようだ。マナド人は田舎から出てくると、都会にいる親戚の家をホテル代わりに使う。勝手に冷蔵庫のものを食べたり、手伝いもしないので、当初は当惑したという。しかし、いまでは来訪が少なくなってきた。義理の母がうまく彼らをほかの親戚に世話してもらうようにしているようだ。嫁さんが日本人であるという遠慮があったからではないかと推測している。

ナルエさんによれば、マナド人はパーティが好きだという。週末には魚や豚肉料理でパーティを催す。彼女の家に一番人が集まるのは、クリスマスと大晦日の夜である。妹たち夫婦をはじめ親戚が来て、バーベキューやダンスに興じる。新年を迎えるカンウントダウンでは、トランペットを吹き、歌を歌い、抱き合うという賑やかさである。若い人たちにとっては出会いの場となっている。こうした新年前の社交風景は、オランダの影響もあるのではないかとナルエさんは指摘している。

親戚の間のアリサンは毎月行われるが、教会のグループとのつきあいが特徴的である。ナルエさんはマナド人のほか、アンボン人、トラジャ人、バタック人などのキリスト教徒からなるコーラス・グループに入っている。土曜日には、聖歌隊の歌を練習する。クリスマスが近づくと、とりわけ忙しくなる。コーラスのほかにも、このグループ内でアリサンをしている。一回一〇万ルピアほど積み立てをする。教会の仲間とは、子どもの教育や学校のことなど、いろいろと相談することができる。メンバーに小学校や高校の先生などもいるからである。

バタック人との異文化結婚

バタック人の夫をもつナオミさんは、大学卒業後、もう少し英語を勉強したいと思ってイギリスに留学した。人類学の修士課程に入ったが、そこで一緒に英語コースをとる夫に出会った。結婚当初は英語であったが、インドネシアに来て大学のインドネシア語コースをとったり、勉強したりしているので、現在は夫と日常的な会話はインドネシア語になっている。

親は留学に反対していたし、さらにインドネシア人と結婚することもあまり相談しなかったので、怒らせてしまった。その後、インドネシアで暴動があった一九九八年に一度帰国したとき、しばらく夫も日本に滞在したが、そのとき両親は「こんな良い人はいない」と誉めてくれた。

結婚式は、夫の出身地であるスマトラのメダンであげた。結婚にあたりプロテスタントの洗礼を受けたほか、バタックの慣習法に従い、夫の母の氏族（マルガ）名、シトンプールをもらった。夫は、父から継承している氏族の長男として、伝統的なバタック人の結婚式を二回行った。一つは教会で行う普通の衣装の結婚式で、昼間三〇人ほどの親戚、友人が集まって祝ってくれた。二

度目の結婚式は、それから二週間ほど遅れて盛大なバタックの慣習法にもとづく結婚式であった。(3)

教会へは毎週、夫と一緒に出かける。いろいろな民族の人たちと出会うことができる。とくにクリスマスには、ジャカルタに住む亡くなった義理の父の妹の家族や子どもたちがたくさんやって来て、盛大にお祝いをする。子どもがいないこともあり、共稼ぎでもあるので、ふだん親戚や近所とのつきあいはあまり多くない。

義理の母はメダンで生活している。ジャカルタとバンドンにいる息子たちを年に一度ほど訪ねてくるだけである。夫はどちらかというと保守的で、アイシャドーや袖のない衣服を着たり髪の毛を染めたりすることを反対するようなところがあるし、バタック人のパーティに出かけると、バタック人の男性特有の側面をみせることがある。

いまは二人での生活であり、親戚とのアリサンはしばらく中断しているが、いずれ子どもができたら、近所のアリサンにでも参加しようかと思っている。当初より、親戚の行動やインドネシア人の態度に対して冷静に対処でき、うまく流せるようになったことは、この国の生活に慣れてきていることなのかと語っている。

おわりに——異文化結婚から学ぶこと

取材の場で、イスラーム教の信仰に熱心とはいえないジャワ人と結婚した日本人女性と、敬虔なムスリムのスンダ人と結婚した日本人女性との間で、イスラーム教について話題となった。前者はふだんお祈りはしないが、断食月には断食をする。後者は毎日五回のお祈りも、断食も子どもの割礼もきちんと行う。料理や親戚づきあいも、民族の違いによって異なったスタイルがあることを友人から互いに学ぶ。イスラームの家族のなかで生活しているカナコさんは、それまで自分は特殊なライフスタイルをしているとは思わなかったと語っている。

このことは、日本人の夫と結婚し、日本で生活しているインドネシア人女性にもあてはまる。横浜にある「インドネシア人妻の会・家族の会」を取材した際、インドネシア人女性たちは、母国では知らなかったあるいはつきあわなかった民族や宗教の人たちと会えることができ、そこで他民族の料理を食べたり学んだりすることを体験できたという（本書第6章）。

留学などで欧米の文化を経験すること、さらに結婚によってインドネシアで生活することは、異なった文化をもつ他者や多様な文化に対する認識を深めることにつながっていく。このように国境と文化を越えて生きる彼女たちの体験が、異文化や国際関係についての、彼女たちの視点を豊かにさせる。そして、それは彼女たちの子どもたちにも影響を与える。カナコさんの九歳になる息子の言葉は、異文化結婚からしか生まれない世界の見方を呈示しているといえよう。

「大きくなったら兵士になる。そしてブッシュ大統領に会う。戦争になるとママはきっと日本に帰ってしまう。パパはきっとインドネシアが良いと言うと思う。僕はどちらも好きだから、日本とインドネシアが戦争したら困るんだ。「戦争をしなでくれ」とブッシュ大統領に言うんだ。みんな、日本人と結婚すればいいのに。そうしたら戦争しなくなるかも」

註

（1）本研究は、二〇〇四年度日本大学国際関係学部個人研究費の支援を受けた。またジャカルタでの調査が可能になったのは、インタビューに快く応じてくれた「ひまわり会」のみなさんのお陰である。とりわけ、「福祉友の会」のマデオカ・セツコさんとひまわり会のナミエ・レクソプロジョさんのご尽力に感謝します。そのほか、ご支援いただいたヒデ・スタラクサナさん、タジュディン・トモコさん、兼松リサさんにお礼申し上げます。

（2）竹下修子「アンケート調査結果報告」『ひまわり会会報』第七四号、二〇〇三年

（3）スマトラのメダンで、バタックを調査したアメリカの人類学者エドワード・ブルナーは、結婚式について同じような体験をしている。

3

ジャカルタの異文化結婚再考

二つの文化が共存するライフスタイル

異文化結婚の進展と研究

海外に生きる日本人女性の研究

近年、留学や仕事で、あるいはさまざまな生きがいを求めて日本を脱出する若者が多く、それに関連した研究も増加している。ハルミ・ベフ（Harumi Befu）は「グローバルに拡散する日本人・日系人の歴史とその多様性」[1]や"The Japanese Diaspora : Dekasegi, Imperialism, and Transnational"[2]で、足立伸子は『ジャパニーズ・ディアスポラ―埋もれた過去・闘争の現在・不確かな未来―』[3]で、国境を越えて生きるさまざまな日本人を「日本人ディアスポラ」としてとらえ、その分類や歴史を概観している。また山下晋司は『観光人類学の挑戦―「新しい地球」の生き方―』(4)で、越境する日本人女性たちの流れとそのグローバル化の意味を探っている。

海外で生きる日本人女性の研究は、東南アジアからカナダやイギリス、アメリカなど世界各地に広がっている。たとえば、バンクーバー(5)、モントリオール(6)、トロント(7)、ロスアンゼルス(8)、ロンドン(9)、ニューヨーク(10)、香港(11)、シンガポール(12)などかなりの数に上っている。またその結果として、海外で配偶者と出会い、そこで結婚生活する人、配偶者の出身地に一緒に戻り生活する人など、日本人の異文化結婚がグローバル化している様子がうかがえる(13)。

海外における日本人の異文化結婚の特徴

海外における日本人の婚姻件数について、鈴木と嘉本は『人口動態統計』(厚生労働省大臣官房統計情報部の保管統計表)を集計して、一九八六年から二〇〇五年までの男女別の推移を明らかにしている(14)。

海外における日本人の異文化結婚は国内におけると同様に、継続して増大している。一九八六年には、海外における日本人の結婚総数三六六七件のうち、異文化結婚件数は二二八一件(六二・二パーセント)だったが、二〇〇五年には結婚総数一万一八五五件のうち、異文化結婚件数は九七三八件(八二・一パーセント)へと増加している。海外で結婚する日本人のうちの約八割が外国人を配偶者とする異文化結婚なのである(15)。

日本人の男女差についてみると、男性についてはそれほどの伸びはみられないが、女性の増加が著しい。一九八六年には一六二〇件あった日本人女性の海外での結婚数が、二〇〇五年には八二三九件と五倍に増加している。とくに一九九五年以降の伸びが著しい[16]。

二〇〇三年において、海外における日本人の婚姻を一〇〇とすると、日本人女性の結婚が六九・九、夫婦とも日本人が一八・七、日本人男性の結婚が一一・四という割合となり、海外への日本人女性の流出が圧倒的に多いことが指摘されている[17]。

とはいえ、欧米に行った日本人女性のなかには、アジアからの留学生と出会う人も多い。また通常、アジアにまったく関心がない女性が多数ではあるが、アジアの国々に安らぎを感じ、言語を学び、旅行をしたり、留学したりするなかで現地の若者と知り合い、現地で結婚する事例も多くみられる[18]。

インドネシアに嫁いだ日本人女性たち

ひまわり会とコスモス会

現在までのところ、海外で異文化結婚をする日本人の国籍別の統計は入手できない。また調査対象としているインドネシアにおいても、その中心的な日本人女性組織である「ひまわり会」は会員数を公表していない。

ひまわり会は一九九七年六月、一〇四名で発足したが、現在は二〇〇名を超える規模に成長している。現在の会員は二〇代から七〇代までと幅広いが、二〇代から三〇代が全体の四〇パーセントを占め、活動の中心となっている。会員に配布される月報『ひまわり』(二〇一〇年五月現在一五五号)から彼女たちの活動の様子をうかがい知ることができる。

現在、メンバーの高齢化が進み、二〇〇五年、五〇～六〇代のメンバー一〇名ほどが、コスモス会の活動を始めた。ひまわり会の規模が大きくなり、また同世代の人たちの親睦の場がほしかったという。また彼女たちの多くは夫を亡くし、財産問題や名義の書き換え、嫁と姑の関係や子どもとの同居など、同世代が抱える現実的な問題を率直に相談したり、有用な情報交換の場が必要であった。コスモス会の会員は二〇〇七年八月現在、二四名である。

グローバル化と世代間の相違

第1、2章でみたように、インドネシア人を夫にもつ日本人女性に会うと、世代によって出会いや関心、子どもの日本語教育など、生活の多くの側面で相違がみられることに驚かされる。たとえば、上の世代がインドネシア人の配偶者と日本で出会っている場合が多いのに対して、グローバル化の影響を受けた三〇代を中心とした若い世代は、日本・インドネシア以外の第三国で出会う割合が多かった。

また異文化結婚家族の研究における関心の一つは、女性たちや彼女たちの子どもたちがどの程度日本文化を維持しているか、あるいは維持させようとしているかの問題である。ジャカルタに生きる日本人女性の関心が世代によって異なっていること、若い世代が子どもの日本語教育に熱心であることはすでに指摘した（第2章）。それは第二次世界大戦後の日本の経済成長や、一九九五年の入管法の改正、グローバル化時代に向けて積極的に海外進出をめざす女性たちが増加しているという点からも、そのような世代間変化が生じていると思われる。

出会いの物語と異文化との遭遇——異文化の調整と共生は可能か

日本人女性の語りのなかから、具体的にどのような思いを抱きながら結婚し、どのような問題と直面したのか、個人の相違だけでなく、世代に共通したものやほかの世代との相違はどのようなものであろうか、などをみていく。

結婚にはそのカップルにしかない男女の出会いと誰もがぶつかる生活の物語がある。一〇人いれば一〇の多様な物語を聞くことができる。しかし、ドラマチックな出会いを経験したカップルも、相手の文化のなかで生活しはじめると、たちまち生きた文化との格闘が始まり、さらには軋轢・葛藤を感じはじめる。たとえ恋愛結婚で始まったとしても、すべての結婚は異文化結婚へと移行する。異文化結婚における文化の理解と調整は異文化結婚が継続するか否かの根本課題となる。

日本的なるものをどのように維持し（アイデンティティ）ながら、異文化なるものをどのように取り込み生活しているのか。二つの文化が共存するライフスタイルはどのようにつくり出されているのか、ジャカルタの日本人女性の個別の事例を通じて、これらの課題をさらに追究していくのが、本章の課題である。

調査対象者と質問内容

筆者は一九九八年からジャカルタを訪ね、インドネシア人男性と結婚した三〇代から六〇代の日本人女性と会い、異文化に生きる彼女たちの声に耳を傾けてきた。異文化との出会い、葛藤、受容などを個人や家庭レベルでとらえることを目的としていた。

本章は、二〇〇七年八月三〇日から九月六日にかけ、ジャカルタのひまわり会の会員である三〇代の女性四名、六〇代の女性二名へのインタビューをもとにしている（表3）。インタビューをした場所はレストラン、ホテルの喫茶室、女性の自宅などである。時間は一時間三〇分から二時間程度である。インタビューには、ひまわり会のマデオカ・セツコさんに同席してもらった。

インタビューで質問したことは、これまでと同じように、年齢、学歴、職業、宗教、国籍、夫の民族、年齢、学歴、職業、宗教、出会いの場所と理由、結婚した場所と結婚した歳、夫婦間の言葉、子どもとの言葉、家庭内の言葉、子どもの名前と国籍、嫁姑関係、家庭内の宗教、食事と料理、日本とのつながり、両親との関係など異文化結婚家族が直面している生活上の課題を中心としたものである。インタビューにおいてはメモをとるだけでなく、会話をテープに録音し、そ

表3　ジャカルタで結婚生活をおくる日本人女性

氏　名	年齢	学歴	職業	夫の民族	夫の宗教	夫との会話	出会い
ナ　ホ	37	大学	公務員	華人	カトリック	インドネシア語・英語	アメリカ
サ　キ	35	大学	会社員	華人	仏教	英語	アメリカ
ノリエ	36	大学	主婦	華人・日系	カトリック	英語・日本語	シンガポール
キョウコ	37	大学	通訳	バタック	プロテスタント	インドネシア語	日本
カズコ	68	高校	会社員	アンボン	プロテスタント	日本語・インドネシア語	日本
ヒロミ	65	大学	教師	ブギス	イスラーム	インドネシア語	日本

注）名前は仮名、2007年現在。

の後、テープ起こしをした。

筆者がジャカルタで面談したこれら日本人女性六人の配偶者の民族は、華人、バタック人、日系人、アンボン人、ブギス人で、そのうち華人は二名である。出会いはアメリカの大学が二名、日本への留学生・企業研修生が三名、シンガポールが一名である。学生時の出会いが多いのも、竹下修子のひまわり会のアンケート調査(19)の結果と共通している。

彼女たちのうち四名が三〇代後半で、子どもは幼いが、日系企業などで正規の仕事に就いている。ここでは、彼女たちの出会いとその後の結婚生活の事例を、彼女たちの語りから紹介する。

これまでの筆者の報告よりも、それぞ

れの個人に焦点をあて、結婚生活の負と正の両面をありのままに描こうとした。もちろん、それでもインタビューはすべてを語ることはないかもしれないし、インタビューアもすべてを引き出すことはできない。

アメリカで出会った夫にも日本語を――ナホさん

インドネシアと夫との出会い

ナホさんは、一九七〇年、ジャカルタで生まれた。当時、父親が海外駐在中であったためである。しかし、ナホさんが幼稚園に入る前に一家は帰国したので、インドネシアについての記憶はほとんどない。とはいえ、その後も父親がしばしばインドネシアに出張したので、インドネシアは未知の国ではなかった。

ナホさんは高校卒業後、すぐにでもアメリカに留学したかったが、短大でもいいから日本の大学も出てほしいという両親の要望で、日本の短大に進学し児童心理学を勉強した。卒業後、一九九一年から九五年にかけアメリカの大学に留学し、国際関係を勉強した。

インドネシア人の夫とは、ナホさんの友人の紹介で知り合った。同時期、夫もサンフランシスコの大学に留学していた。ナホさんはそれまでインドネシアをあまり意識していなかったが、彼女がインドネシア生まれであることを知った夫とたちまち打ち解けたという。ジャカルタ生まれの日本人が、アメリカでインドネシア人と出会ったのである。

結婚の決断

卒業後、二人はそれぞれ母国に帰り、しばらく仕事を続けていた。一九九七年、病気療養中の父親がジャカルタをもう一度訪問したいという希望をもっていたので、家族で訪ねることになった。空港に降り立ったとき、懐かしいインドネシアの匂いがした。かつて父親がインドネシア出張から帰ったとき、スーツケースを開けたときの匂いだった。父親は翌年亡くなった。

そのころ兄もインドネシアで父親の知り合いの貿易会社で働いていた。夫から「こちらに来て一緒に暮らしませんか」と言われたとき、兄がいることも心強かったので、「インドネシアに住んでもいいか」と思った。父親が好きだったインドネシアであり、父親が亡くなる前に来たとき、滞在していたホテルや以前父が働いていた職場のインドネシア人スタッフがとても温かった印象があった。また、自分も夫の家族もカトリックであることも安心できる要素であった。

結婚式は父親が亡くなった翌年の一九九九年、ジャカルタで挙げた。結婚当初は兄も母もジャカルタにいてくれて、こちらの生活に慣れることに一生懸命であった。結婚後、領事館でアルバイトを始めたが、二〇〇二年からフルタイムで働いている。

夫の家族

夫は四〇歳の華人で、ジャカルタで会社員をしている。夫の両親はジャワのスマラン生まれの公務員で、名前もジャワ風である。華人にもかかわらず中国語をまったく話せず、華人色を出さず、ジャワ人にように暮らしている。それゆえ華人に特有な儀礼や習慣について、ナホさんはほとんど知らない。夫の両親は現在、ジャカルタに住んでおり、ときおり訪問することはあるが、あまり頻繁ではない。彼女は本来はもっと行くべきであると言っているが。

彼らの家庭環境は、叔父や従兄弟もアメリカに行ったことがあり、なかにはアメリカで暮らしている親戚がいるような国際色豊かで、比較的裕福である。同時に、華人とかインドネシア人とかのアイデンティティにこだわらないトランスナショナルな家族であるように思える。

ナホさんの家族

結婚後、ナホさんの母親は一人暮らしになってしまうので、ジャカルタのナホさんの家に同居することになった。ナホさんが領事館での仕事に就くことには、母親が「私が子どもをみてあげるから」と後押ししてくれた。

しかし、子どもが幼稚園に行くようになり半日いなくなると、母親は時間をもてあますようになった。ジャカルタでは、外に一人で買い物に行けないし、日本にいるように自分のやりたいこともできないことに気づく。そうしたことから母親は元気なうちは日本で暮らしたいと決断し、帰国することになった。その後、母親は毎年ジャカルタに来てくれるが、滞在日数がだんだんと短くなっているという。また母にとって婿と暮らすことにも若干の抵抗を感じているようだ。

子どもたちと家族内の会話

ナホさんには現在四歳と六歳の男の子がいる。子どもたちはカトリック名と日本名をもつ。国籍はインドネシアであるが、ナホさんが日本国籍を維持しているため、ナホさんを戸籍筆頭者として子どもも日本戸籍がある。子どもたちは日本人学校とその学校に付属する幼稚園に通学しているが、インドネシア文部省から許可をとっているという。

ナホさんと子どもたちの会話は日本語、父と子の会話はインドネシア語。子どもたちは自然とインドネシア語を身につけている。ナホさんもお手伝いさんからインドネシア語を学んだり、職場にインドネシア人スタッフがいるので、頑張ってインドネシア語で会話をしている。

夫とはもともと英語で話していたが、次第にインドネシア語になっている。とはいえ、そんなにインドネシア語が流暢であると思っていないナホさんは、子どもに対しては、自分の言葉でないとうまく話せなかったので、つねに日本語になっている。日本で出会ったカップルの話を聞いて、ナホさんは夫が日本語を話せたらいいなと思うことがあるという。

子どもたちの教育

子どもは、先に述べたように、一人は日本人学校の小学部、一人は幼稚園に通っているが、二人が現在の学校に決まるまでには紆余曲折があった。インドネシアでの小学校の選択は、現地校はもとより、英語で教える現地校（ナショナルプラス）、インターナショナルスクール、日本人学校など、さまざまな選択が可能である。夫は子どもを日本人学校に入れるということは予定していなかった。

長男はまず、日本語の話せるインドネシア人教師のいる保育園に預けられたが、その後幼稚園の選択の際、日本の歌を唄ったり、遊戯ができる日本人の環境で育てたくなったので、日本人学校付属の幼稚園に入れることにした。そしていずれ小学校はインドネシアの学校に代えるつもりでいた。しかし、幼稚園での生活に慣れるに従って、子どもたち同士で親しい友だちができ、また仕事をしていることを知っている母親が幼稚園の帰りに遊びに来るように誘ってくれたり、母親たちのネットワークが形成されるようになる。

日本人学校へ入れた場合、すべては妻が引き受けることになる。しかし実際のところ、仕事をもつ母親は学校には十分かかわれないことも事実である。一方、妻がインドネシア人の場合、日本語の読み書きができないことが多いので、個人面談などは日本人の夫が会社を休んで参加することになる。近年、日本人学校はインドネシア人妻の割合が増加しているという。

とはいえ、これからインドネシア語だけでは生きてはいけない。子どもが日本語を学ぶことについて、夫も結局のところは認めている。大きくなって外国語を学ぶことの難しさをわかっているからである。

妻と夫のストレス

異文化結婚はストレスにあふれている。生活に慣れてくるに従い、ナホさんも新たなストレスを感じるようになる。自分の母親と婿との間のちょっとした軋轢などを経験し、夫の家族にも配慮しなくてはならないことがあったからである。友人たちの間でも家庭内のストレスをどのように解消するかが問題になっており、ストレスの解消がうまくいかず、自律神経失調症などにかかり帰国した友人もいるという。

夫が日本語をわかる場合とわからない場合で、それぞれに不満が生じる。夫が日本に留学経験があるなしについても同様である。日本人の考え方、気持ちをもう少しわかってほしいという気持ちを打ち明ければ、「ここはインドネシアだ、日本ではない」と言われてしまうつらさがある。

夫が日本語が少しわかると、ちょっとした日本語の言葉が気になってしまう。わからなければ、母親と愚痴を言っていても気づかれないが。一方、夫は夫なりに、自分だけ日本語ができないことで日本人学校の行事に行っても疎外感を感じてしまう。妻と子どもの日本語の会話に入れないことにもがまんが必要になる。ひまわり会の会員の交流では、インドネシア人の夫たちは出身大学や大学院、職場などが異なっていることから、コミュニケーションがぎこちなくなってしまいがちである。

ナホさんは、最初はあまり気にならなかったが、いまでは夫に「いい加減に、日本語を勉強したら」と身勝手な思いをぶつけてしまう。というのは、「私はこんなにインドネシアで頑張っているのに」、夫は語学の面での努力が足りないという思いがあるからだ。部外者は、インドネシアに行ったんだからそこの言葉を覚えるのが当然と考えてしまうが、多言語家族は他者の言葉についても互いに学び合うことも必要なのである。そうしたこと一つにしてもストレスの原因ともなっている。

ナホさんは、ジャカルタ生まれであることがきっかけとなって意気投合したが、その後の人生には紆余曲折があり今日に至っているといえる。

仕事でバランスをとる――サキさん

サキさんは一九七二年、愛知県で生まれた。ジャカルタで暮らして一一年になる。

夫は一九六七年生まれの四〇歳。華人で、日系企業と取引のある彼の父親の会社を手伝っている。二人はアメリカ留学中に出会い、それぞれ卒業し、帰国する。二年後に結婚し、ジャカルタでの生活を始める。このコースはナホさんと同じである。

未知の国インドネシアに慣れる

サキさんも両親に結婚を猛反対されたが、最終的には結婚を認めてくれたという。サキさん自身、インドネシアについての知識はほとんどなく、バリが国なのか、都市なのか、インドネシアにあるかさえわからなかったほどである。

初めて訪れたインドネシアの印象はどのようなものであったのだろうか。道はでこぼこ、ほこり、飲めない水、冷たい水でのシャワー、裸足で家に出入りする習慣など、生活の激変に、結婚一カ月は微熱と下痢、嘔吐など身体的に環境に馴染めずに寝込んでしまった。その後、お湯の出るシャワーが付けられ、また環境にも適応していった。

生活してみて、確かに子育てはたいへんだが、日本にくらべると、ベビーシッターやお手伝いさんがいて家事から解放され、楽な点もあるという。また、女性が働きやすいことをあげている。サキさんはアメリカで習得した英語の能力を生かし、日系企業で営業を担当、四年半になる。現在、一〇歳の息子、七歳と四歳の娘の三人の子どもがいる。子どもたちの名前は日本名である。

家庭内の言語問題

サキさん夫婦はともに仏教徒であるが、宗教にあまり関心がないので、子どもたちの学校は英語教育を基準に選択している。三人の子どもたちは英語を主体としているが、中国語も勉強できる学校に通学している。

夫婦間の会話は英語、サキさんと子どもたちの会話は日本語、夫と子どもたちの会話は英語という多言語家族である。日本の祖父母とは日本語、夫の祖父母、ベビーシッター、お手伝いさんとはインドネシア語で話している。サキさんは、子どもの日本語教育がうまくいかないことに悩んでいる。一番目と三番目の子は日本語をよく話すが、二番目の子は英語のほうが得意である。子どもによって日本語レベルが異なる。

またサキさんが仕事をしているので、日中、子どもたちはインドネシア語を使うことが多く、自然とインドネシア語がうまくなる。そのため子どもたちから「ママ、インドネシア語勉強しなさい」と言われたり、「ママの発音違う」などと言われる。揚げ足をとったり、反抗したりするので、「じゃ、ママみたいに日本語ちゃんとしゃべるの」と叱りとばしたりする。言語をめぐって親子の闘いが始まる。

こうして日常生活のなかではインドネシア語が強くなり、日本語を話さなくなる。そんなわけで子どもたちの日本語能力の維持には、意識的な努力が必要になる。たとえば、二〜三カ月に一回、同じ学校にいる日本人の友だちを招いて、日本語だけでたっぷり遊ばせ、刺激を与えたり、夏休みや正月には日本に連れて行って祖父母にしっかり日本語を教えてもらうのだという。サキさんは、ナホさんと同じように、「なんでうちの夫は日本語をしゃべれないんだろう」と思ったことがあるという。

インタビューに同席していたひまわり会のマデオカさんも、息子が小学生のころまでは日本語を話していたけれども、親離れが進むと日本語が口から出なくなったという。そして大人になるとぜんぜん話せなくなったと語っている。

一方、夫の両親の不満は、サキさんがインドネシア語をあまり勉強しないことである。「何でインドネシア語を勉強しないんだ」と夫に言ったそうだが、夫は「いまは英語で夫婦間の意志疎通ができているから、いいではないか、問題ないんじゃないか」と言ってかばってくれた。多くの日本人女性は、子どもが生まれ、学校に行き、近所づきあいが始まると、自然とインドネシア語を学ぶようになる。

夫の家族

夫の両親とは同居していないが、結婚当初は義母がしばしば訪ねて来て、料理を教えてくれた。彼女の家に一五年いるインドネシア人のお手伝いさんにも彼女が教え込んできたという。お手伝いさんは、いまは味噌汁、エビフライなどの日本食も料理できるようになったが、週末両親の家を訪ねたときは、二人のモットーは「文句を言わずに食べる」ことだそうだ。ほかの華人に嫁いだ日本人女性は、料理だけは華人の義母の専売特許であると語っていた。

サキさんは、華人の家族は結束力がとても強いと感じている。夫がファミリービジネスに従事することには反対であったが、結婚して二〜三年経つと、家族に押されて、仕事を手伝わざるをえなくなってしまった。家族の力がとても強い分、一度関係が壊れると修復不可能になるのではないかということをサキさんは怖れている。「それをみたくないから仕事をしているような感じです」と言っている。

彼女が仕事をするようになったのは、女性が働きやすい環境にあるからだけでなく、家族と少し距離をおいて生活してみたいという気持ちもあったからだという。華人の結束力の強さは血の濃さにあるので、他人には入り込めない世界があると感じている。そのため、よそ者として家族関係はとても微妙で、ガラス細工のように壊れやすいものかもしれないと警戒している。民族と文化の異なる結婚生活の微妙な側面を感じさせる。

「孫を連れていつでも帰っておいで」

サキさんは、いまだに父親から「よく結婚したな」と言われる。「孫を連れていつでも帰っておいで」とも言われる。孫かわいさや、手元から離れて行ってしまった娘への思いが表現されている。多くの親は結婚して幸せになってくれればと思うが、この心情は複雑である。母親は「もういいわ、あんたは要らないから、孫だけ寄こして」と言う。血のつながりの濃さが日本人のなかにもある。

結婚と人生

サキさんは「こんなんでも、生活できていますから、よしとするかとは思っていますけどね」

と自分の結婚生活を振り返る。そして、今度は自分が親の立場になっていることを感じている。いまになって「無理に結婚しなくていい」と言っていた両親の気持ちがとても気になっている。結婚して、子どもができて、一人前の家庭人になったとみなされるが、結婚によって、新たな血のつながりに直面する。逃げられないつながりである。そして親にとって、娘や息子を本当に自由に育てるとはどのようなことなのか。異文化結婚をし、海外で老いていくとき、これから異文化結婚をすることになる娘や息子とどう折り合いをつけて生きるのか、どの程度の距離をもって生きたらいいのか。一回しかない人生はつねに新しい課題を突きつけている。

トランスナショナルな家族をめざして――ノリエさん

ノリエさんは一九七一年、東京で生まれる。女子大を卒業後、保険会社のOLをしていた。夫は同い年の日系三世。夫の母方の祖父が元残留日本兵であるが、夫の父はスラウェシ生まれの華人である。夫はインドネシア大学の会計学部を卒業後、銀行に勤務している。ノリエさんは現在、専業主婦で、五歳の息子の母親である。二人は一九九五年、シンガポールで出会い、一九九九年にインドネシアで結婚、現在に至る。

シンガポールでの出会い

ノリエさんは高校生のときからしばしばシンガポールに一人で出かけていた。その回数も三〇回にはなるだろうという。とにかくシンガポールという場所が好きだった。一般の旅行者と違い、町での移動手段はバスや電車で、宿泊場所もホテルではなく、一般の集合住宅を探して住んでいた。父親には安全なところだと言って安心させていた。チャレンジ精神が旺盛な女性である。

夫と出会ったのは、ノリエさんが中国語の勉強のためにシンガポールの語学校に通っていたときである。語学校で仲良くなったインドネシア華人の女性の家にたまたま遊びに来ていたのが、彼女の従兄弟である現在の夫であった。二人が二四歳のときである。それからつきあいが始まった。

インドネシアへ嫁ぐこと

インドネシア人の裕福な階層、主に華人たちにとって、シンガポールは買い物や旅行に行ったり、子どもを留学させたりする、ある種の憧れの場であった。そんなわけで、シンガポールが好きなノリエさんが結婚してジャカルタに行くと知ったとき、シンガポールのインドネシア人の友人はみんなインドネシアには行くなと言った。「何しに行くの？　何を考えてるの？　やめなさいよ」など厳しい忠告を受けたという。ノリエさんは「それだったら行ってみよう」と、かえってチャレンジ精神をかき立てられた。

ノリエさんの両親は、一人でシンガポールに行った娘が、結婚してインドネシアに行くことも止められないと思ったようだという。その後、両親が夫を気に入ってもらえたことは幸いであった。

知り合ってから夫は一度日本に来たことがあったが、二度目は両親をともない正式なプロポーズのために来日した。夫の両親は、綺麗なケースに入ったパーティドレスやイブニングドレス、二四金の指輪などアジア風の結納一式をもってきた。

ノリエさんの日本の友人は、ノリエさんが外国人と結婚することになって「やっぱり」と思ったという。若いときから海外に目を向け行動していたからであろう。

結婚と国籍

インドネシアで結婚する場合、宗教が同じでないと許可されない。夫はカトリック、ノリエさんは仏教徒であるが、二人は日本で結婚式を挙げたため、大使館へ仏教徒で登録した。外国での結婚には抜け道があるようだ。

ノリエさんは日本国籍を保持している。そのため一年おきにビザの更新をしている。年配の日本人女性でも日本国籍を維持している人が多い。ノリエさんの場合、息子も日本国籍を維持している。それは夫の希望だという。日本に行く場合に手続きが楽であるし、ビザも必要ないからという。華人は国家へのアイデンティティよりも、国境を越えた自由な移動に価値をおいていることがうかがえる。

家族内の言語

五歳になる息子とノリエさんは一〇〇パーセント日本語で会話をする。息子は現在、英語系の幼稚園に通学しているため、父親と息子の会話は英語とインドネシア語である。夫婦の間では、出会ったときは英語で話していたが、結婚してからしばらく日本に滞在していたことや夫が日本語を勉強していることから、夫とは日本語で会話ができる。

夫は小学校時代から英語のコースに通っていたので、英語は堪能である。日本に滞在したときは東京の外資系ホテルの会計部門で働いていた。日系インドネシア人の子弟が日本の外資系企業で働く場合、英語が採用の条件になっている場合が多い。通常のインドネシア人大学生は、日系かどうかにかかわらず、将来のために必死に英語を身につけようとしている。

文化の維持と調整

言葉や料理など、日常生活で日本人女性は日本を意識し、強調する傾向がある。ふだん彼女たちは日本食をみずから作る。子どもも日本食を食べる。ノリエさん一家の場合、子どもが生まれてから三年半ほど日本で生活していたことも関係している。

夫は日本食を食べられるが、インドネシア料理のほうが好きなので、週一回くらい近くに住む義母のところに行って義母の手料理を食べる。ノリエさんも辛い味が好きなので、義母からインドネシア料理を教わることもある。義母も「お味噌汁はどうやったらおいしいか」と聞くこともあり、嫁姑の関係は良好である。

夫は朝食はパン食だが、昼と夜は職場で自由に食べている。食事のことで夫がストレスを感じてしまうのは可哀想なので、この方式は彼にとってもよいことである。夕食がいつも日本食ではストレスになるだろう。それはノリエさんが毎日インドネシア料理ではストレスを感じてしまうのと同様である。

年配になるにつれ、異文化結婚をした女性たちは、夫とは別のものを自由に食べている場合が多いという。食の習慣や味覚の嗜好は結婚しても大きく変化させることが難しいようだ。譲り合いながら、少しずつ二人にあったライフスタイルを見出せればと考えられる。

彼女は仏教徒であるが、カトリックである夫の習慣に従い、食事や就寝前にはいまもお祈りをしている。ノリエさんがインドネシアに来て違和感が少なくてすんだのは、夫の家族が日系であったことが関係している。

義母は少し日本語ができるし、親戚の名前もノリコ、ヤスコ、シゲルなど日本名である。家では、壁に日本の絵がかかっていたり、日本製の食器が出てきたりする。ジャカルタではシンガポールよりも充実した日本食材店があり、何でも手に入れやすい。日本にいると錯覚するほどであるという。

いまはマンション住まいをしているが、まわりに日本人の友人がたくさんいて、いつも日本語が聞こえる。日本人の子ども同士が公園で遊んでいる姿をみかける。

適応と変容

ノリエさんは、結婚する一年前の一九九八年、彼を訪ねて初めてインドネシアを訪問した。ちょうどインドネシアの暴動が治まった後のことであった。ジャカルタの空港に降り立ったとき、その匂いと何もない風景に違和感を感じた。その後、生活のさまざま部分で気になる場面に出くわした。そのたびに、彼女自身も気持ちを変えようと努力した。待ち合わせ時間などは、インドネシア人ペースに合わせないと気持ちが穏やかになれないからである。たしかに夫やその家族、あるいはインドネシア人全体に抱く気持ちは、異文化結婚の過程で少しずつ変容していく。

三〇回も通ったシンガポールの生活のなかで、彼女自身変わったことは、「ノー」と言えるようになったことだという。とはいえ、インドネシアでノーと言う場合、優しく、怒らずに言うべきであることを学んだ。インドネシアでは優しく言ったほうが人は動いてくれるし、とにかく穏やかであることが尊重される。とくにジャワ人は人前で怒らないことを信条としているからである。

一方、プライバシーを気にしなかったり、平気で噂話をすることには閉口してしまう。あるとき購入したアパートの代金を銀行の窓口で送金するとき、担当の女性係員が「このアパートいくらだった」と聞いてきた。まわりの人も野次馬のように集まってきた。係員も職業上の自覚よりも、普通の野次馬になってしまうのには驚かされた。

インドネシア人は列に並ばず、横入りしたり、列を乱すことはよくあることである。一言注意するものなら、「この人友だち」などと言って平然としている。ノリエさんは最近、そのような習慣に異議申し立てをするようになったという。慣れてきたからなのか、開き直ったからなのか。

夫や夫の家族も、彼女のライフスタイルを認め、支援してくれている。夫は日本語を一生懸命勉強してくれているし、夫の家族も含め、彼女や子どもたちが日本国籍をもっていることに賛成である。両親も日本や日系に対する誇りをもち、日本が大好きなのである。結婚式でも彼女を気遣ってか、無理にインドネシアの服装をしなくてよいとも言ってくれたし、「目が小さいと似合わない」とも夫は言った。そんなわけで、あまり周囲を気にせず、パーティには好きな格好をして出席している。

彼女の家族は、インドネシアにいながら、日本とかインドネシアにこだわらない生き方をしている。華人の伝統なのかトランスナショナルな家族が生まれているといえる。

幸運をもたらした海外への想い——キョウコさん

キョウコさんは一九七〇年、千葉県に生まれる。東京の武蔵野美術大学で版画を学ぶ。夫は五歳年上のバタック人で公務員である。二人の出会いは、夫が東京都水道局の研修生として働いていた一九九一年一〇月、渋谷のインドネシア・ポップコンサートに参加したことがきっかけであった。卒業した一九九三年、結婚してインドネシアに嫁ぐ。現在、三女の母であり、日本語の翻訳や通訳の仕事に従事している。

出会いの背景

キョウコさんは学生のころからインドネシアに興味をもっていた。大学一年生のときから友人とバリやジョクジャカルタへ出かけ、バライ・インドネシア（東京・目黒にあるインドネシア人学校）やＩＮＪなどの語学校でインドネシア語を学んでいた。言葉だけでなく、ジャワのガムランなどの音楽にも興味をもっていた。

通学のために東京に下宿していたが、どこか冷めた東京になじめなかった。知り合いになったインドネシア人はとても温かく、時間に余裕があり、新鮮に感じられた。「日本人なら今日は忙しいからだめということがあるのに、インドネシア人はいつもＯＫ！　たんに暇だったのかもしれませんが。私はアルバイトで忙しいときは断ることがあったのに、まめに誘ってくる。つきあいが続くうち、すでにインドネシア・オタクになっていたので、嫁に行ってもいいかな、結婚もあるなと感じることがありました」という。

それでも、インドネシアへ来ることにためらいや迷いはあった。「来ようとしているんだけれども、それでいてその流れに乗るしかないのか。ここで逆らってもいいだけど、やはり来るしかないのか」と思い、泣いたこともあった。スラム街の雑踏を橋の上から見て、「なんで私はこんなところに嫁に来るのかと自問する」信じられない自分がいる。

結局「バックしようと思いましたけれど、そのままギアを入れましたね。加速しました」と打ち明ける。「若気の至りです。若いとき来てしまったので」と苦笑した。「他の友人のように、留学して、インドネシア人のことが裏も表もわかって、それでインドネシアに来ている方はよっぽど凄いと思います。私は後戻りできない性格ですし、後悔しないために、ただ突っ走ってきてしまいました」と語る。

インドネシアに来てバタック人の文化を学ぶ

インドネシア人と結婚した日本人女性は、夫の属する民族のさまざまな習慣に出会う。結婚前、キョウコさんはインドネシア語を東京で学んだが、夫の属するスマトラのバタック人の文化や習慣について、夫は無口の性格でもあったからか何も教えてくれなかった。そのため異文化結婚を通じて、夫の文化と出会ったことになる。そしてバタック人の夫を通じて、インドネシアの多民族性や圧倒的に多いジャワ人の文化との相違を学ぶことになる。

夫は二歳のころに家族と一緒にスマトラ中部からジャカルタに移住する。夫はバタック人の言葉を話すことができるが、ジャカルタに住む二〇代の妹たちはもうバタック語ができないし、若者はほとんどインドネシア語である。しかし、葬式や結婚式など伝統的な儀式におけるスピーチはジャカルタでもバタック語で行われる。それらの儀式は母親世代が取り仕切る。

バタック人はプロテスタントである。夫は子どものころはよく教会に通っていたという。現在はほとんど行っていない。バタック人にとって一年で最大のイベントは正月である。クリスマスよりも盛大に祝う。彼らは大晦日から実家に集まり、お祈りをしたり、反省会をし、そこに泊まる。二日も親戚宅に集まり、歌を唄ったりして楽しく過ごす。

バタック人はお祝い事で集まるとすぐ歌を唄いだす。長女が生まれたときも、親戚がギターを弾きデュエットで唄ってくれた。バタック人は毎週教会に集まってよく唄うから、歌を唄うのにはなれているようだ。

クラパ・ガディンやサンジュン・ジュリアのようなショッピングセンターには、バタック人専用の儀式用会場やバタック料理店『ルマ・ゴルガ』やレストラン『ラポ』がある。国際都市ジャカルタは多民族都市でもあり、ジャカルタに移民してきた多くのほかの民族も自分たちの民族の集会所やレストラン、教会に集う。

多民族のインドネシアでは、それぞれの民族に対するステレオタイプがある。ドライバー、弁護士、医療関係者にはバタック人が多い。華人経営の病院にはとくにバタック人が多いという。ともにムスリムでない場合が多いからかもしれない。キョウコさんの夫の親戚には看護師などの医療関係者が多い。

バタック人は、よく働き、堅実だといわれるが、一方、荒っぽいとか、がさつだとか、開けっぴろげで、よくしゃべるといった固定観念がある。だからバタック人のなかには、家族名を明かさない人もいる。バタック人とわかってしまうからである。確かにキョウコさんの夫の家族は何でも口に出すようなところがあるが、夫はジャワ人のように穏やかである。十把ひとからげにしたようなバタック人のステレオタイプなどないのである。

キョウコさんの夫の氏族名（マルガ）はパンジャイタンというが、毎年スナヤンの体育館を借り切って、パイジャイタン・フェスティバルが行われる。同じ氏族名の親戚の集会である。ジャカルタに移住しているバタックのほかのマルガも同じような組織をつくり、集会を行っている。

結婚生活を続けるなかで、バタックの民族文化を学ぶことは重要な課題である。同じ姓の人と結婚できないこと、従兄弟婚が習慣だったこと、結婚に際しては贈答用の布を贈ることなどたくさんある。結婚が期待されている従兄弟の女性に「貴方とは結婚しないで、この人と結婚します」と言わなくてはならないなど。

夫の二七歳になる妹は、都会に育っても、「結婚はやっぱりバタック人でなければだめ。バタックの男は責任感があるから」という。バタックの教会は若者たちの集うところであり、出会いの場であり、親もそれを期待している。

子どもの言葉と教育

キョウコさんの三人の娘には、ともこ（一二歳）、かんな（四歳）、あや（〇歳）という日本名がつけられている。長女はナショナル・プラスという私立学校に通っている。英語をメインにしてインドネシア語ないし中国語も学べるバイリンガル教育の学校である。

キョウコさんがフリーの仕事をしているのは、子どもたちと過ごす時間を多くし、日本語を学んでほしいと思っているからである。子どもたちの日本語教育に力を入れている。そのため長女は日本語がよくでき、妹たちも自然にできるような環境となっている。

夫婦の会話はインドネシア語であるが、子どもたちとの会話は日本語である。夫の日本語は次女と話をする程度で初歩的レベルである。しかし夫は日本に滞在したことがあり、子どもたちが日本語のできることを応援している。

とはいえ、成長するにつれ、どうしてもインドネシア語が強くなってしまう。そのため自宅では日本語のテレビを見せている。日本語の維持で難しいのは、漢字と読み書きである。長女は中学一年であるが、漢字と読み書きは小学三〜四年生のレベルである。ひまわり会のニュースレターにもしばしば子どもたちの日本語教育の方法について、会員間での情報交換がみられるように、日本人の母親にとって子どもたちの日本語教育は最大の関心事である。

キョウコさんは長女の日本語教育にはことのほか力を入れている。母親のアイデンティティをかけているような気がする。「誰がなんと言おうと、ともこには絶対日本語を勉強させる」「あなた何言ってんのと言われても無視するの。なんていったって日本語」という凄まじい決意がうかがえる。「これから外にでようと思うなら、インドネシア人的発想じゃだめですよ」と言い返すそうである。インドネシア人と結婚した日本人の子どものなかには、日本やその他の国で英語もできる外資系の会社に勤める人も生まれているからである。

キョウコさんも子どもたちも日本国籍を維持している。夫はそのほうがいろいろな面で活動しやすいと賛成している。キョウコさんは深い考えではなく、とれるものならとっておくといった態度である。年配の世代が、夫とインドネシアに忠誠を誓ったのとはだいぶ異なっている。

食事と適応

毎日の生活のなかで重要なことは何を食べるかである。キョウコさんの場合、かなりインドネシア料理に適応している。ふだんの食事はお手伝いさんがインドネシア料理を作る。キョウコさんは辛いものが好きである。夫は日本料理も食べるが、やはり辛いものが一品必要なようである。

週末には日本料理の食材を買ってきて作るが、キョウコさんはインドネシア料理もできる。結婚当初、夫の妹が同居していて、彼女から教わったという。豚料理と鯉料理がバタックのメイン料理である。正月料理である鯉や豚肉の煮付け（アルシック）や鯉のレモン漬（ナニウラ）などが知られている。食べることが好きだったので、積極的に学んだという。ついでにインドネシア語も懸命に学んだ。

インドネシアでの幸運な結婚

キョウコさんは日本にいるとき、結婚を考えたことはなかったという。日本人の男性とつきあっていたときも、結婚という文字は頭に浮かばなかった。日本から出てみたいという気持ちがあったからのようだ。

インドネシアでは仕事と家庭が両立できる環境とわかったのは、結婚してからのことであった。それは偶然なことで、ラッキーなことだと感じている。インドネシアに行けば、日本語の先生とか何かができるかもしれないとは思っていたが、インドネシアでの結婚は思いがけない幸運をもたらしてくれたことに感謝している。

以上、三〇代の日本人女性四人のジャカルタでの異文化結婚を紹介したが、つぎに六〇代という異なる世代の日本人女性二人の異文化結婚を紹介しよう。

確執のなかで生き続ける——カズコさん

カズコさんは一九三九年、茨城県で生まれる。高校卒業後、東京で外資系企業のＯＬをしていた。一九六六年、日本留学中のアンボン生まれの夫と日本で結婚する。一九六八年からインドネシアへ。二男一女の母親である。一九七四年より日本の公益法人で働く。夫は政府系企業で働いてきたが二〇〇三年に死去する。

出会いから結婚へ

夫は一九六二年から六年間、早稲田大学で金属学を勉強していた。幡ヶ谷にあるインドネシア人学生の宿舎（ウィスマインドネシア）に滞在していたが、彼女もその町でアパートを借りて住んでいた。たまたま散歩しているときに声をかけられて知り合いになった。

夫は日本に行くとき、帰りには絶対日本人の奥さんを連れて帰ると決心していたらしい。何人かとつきあったが全部ふられて、カズコさんに会ったときはそろそろ先がみえてきたので、「もう誰もいないから、お願いします」という感じだったという。そのようなわけで「もう日本人なら誰でもよかったんじゃない」とカズコさんは語っている。

日本にいるときは辞書代わりになったり、レポートを書くのを手伝ったり、日本語の本を説明したり、彼のよきアドバイザーでもあった。「そのようにけっこう使われた」と語っている。

カズコさんも二〇代半ばとなり、まわりから「女なんだから、もうそろそろ結婚してくれ」と言われていたが、インドネシア人と結婚することになると「なぜインドネシア人なの」と聞かれた。

カズコさんは外資系の会社に勤め、英語を使っていたこともあり、外国人に偏見はなく、結婚相手が「日本人でなくては」ということはなかった。楽天的な性格で、「まあ、よく決心したわね」と言われても、何となく流れで、のほほんときてしまったところがあったかもしれないと語っている。

居候が幅をきかす

結婚して三年目、一九六八年インドネシアにやって来る。二九歳のときである。そのころは家もなく、さまざまな苦労を経験した。やっと購入した住宅には電気もまだ引けていなくて、ランプで生活しなければならなかった。

夫は国営会社に勤務していたが、渡される給料だけでは家計に余裕がなかったので、お手伝いさんを雇えず、子どももまだ幼かったので働きに出ることもできなかった。

核家族で住みたかったので、夫の母親の同居申し出を断ったが、母親が泣いているとのことで譲歩しなくてはならなかった。しかし一度譲歩すると、従兄弟や夫の出身地のアンボンからつぎつぎに親類がやって来て住みついてしまった。このようなことはインドネシアではよくあることであるが、驚くべき生活が始まった。

居候は遠慮があるのが普通だが、自分の家のように堂々と振る舞う。子どもが夜中に泣いているのであやしていると、居候は「シー」と言って迷惑そうな顔をするのである。

姑との確執

嫁と姑の関係はインドネシアでもなかなかスムーズにはいかないようだ。姑は第二次世界大戦で夫を亡くし、それ以後、未亡人として必死に生き、子どもたちを育ててきた。そのため強くならざるをえず、また自己主張も強いようだ。

たとえば、テレビのチャンネルを孫と取り合いしているようなところをみて、相手の気持ちを斟酌しないのではないかと思われた。そのためカズコさんは、つねに姑と距離をおいてしまい、声をかけたり、インドネシア料理を教わるようなことはしなかったという。

姑が買ってきた果物を勧められても、つい自分が好きなものを勝手に勧めると考えしまう。それを機会に話ができるかもしれないのに、一つの行為をめぐって、二つの解釈が生まれるところに、嫁と姑の確執の普遍的原因がある。

妊娠中、お腹が空いてしまって、すぐにでも少し食べたいのだが、姑が「お父さんが帰ってくるまで、待ちなさい」と言われ、ひもじい思いをしたことを覚えている。食事を家族で一緒にしようと考える姑と空腹で苦しむ嫁の立場の違いが浮き彫りになる。こうした確執の積み重ねが、相手に対して憎悪にまで発展してしまうこともある。

言葉・子ども・家族

カズコさんの三人の子どもはすでにみな立派に成長している。ジム（四一歳）、ユキコ（三九歳）、ジェフ（三四歳）で、長男は日本生まれであるが、他の二人はインドネシアで生まれた。

結婚してインドネシアに来た当初の三〜四年はインドネシア語がほとんどわからず、夫との会話はもっぱら日本語であった。しかし、子どもが小学校に通うようになると、一年生の教科書を一緒に読んだりしてインドネシア語を学ぶようになる。でも上達してくると、悪く言うことも耳に入り、意味がわからないときのほうがそれなりに気楽だったなどと思うことがある。

カズコさんのインドネシア語が上達し、家族のなかの会話がインドネシア語に変わっていくにつれ、夫の日本語が下手になり、流暢だった長男の日本語も怪しくなりだした。日本語を話すのが家族のなかで彼女だけなので、子どもも家族内の言語の力の影響を受けてしまうのである。

それでもカズコさんは子どもたちに日本語を学んでほしかった。日本語に慣れるために、よく日本に帰国した。それゆえ、話し方はうまくないが、子どもたちは彼女の話す日本語を理解する。次男のジェフはみずから勉強して、ひらがな、カタカナ、簡単な漢字の読み書きもできる。日本に行ったときも困らない。

子どもたちはそれぞれインドネシアで大学教育を受けたが、日系企業には就職していない。日本語能力を生かすと通訳として使われてしまい、本来の仕事上のポストに就けなくなることを危惧したからである。現在は多少の支援を受ける子どももいるが、独立して生活し、親としても安心した気持ちでいる。

働きながら、強く、ゆったりと生きる

一九六八年当時のジャカルタは、日本人にとっては、現在とくらべて暮らしにくいところであった。自由に日本食の材料を手に入れることはできなかった。たとえば、醬油を探すために、わざわざコタ（ジャカルタでは早くから開けた地域）まで出かけたそうである。

しかし、ジャカルタでの不便な生活もいまや大きく変化し、何でも手に入り、驚くほど便利になった。そのような経験は世代によってはっきりと分かれている。

カズコさんは、インドネシアに来てよかったことは、老後が安定していることであると語っている。とくに子どもがいれば、彼らがきちんと面倒をみてくれるし、やってくれると確信している。これはインドネシア人に聞いても同じような答えが返ってくる。子どもがいると安心だと。たとえ寝たきりになったとしても、看護師を安価に雇うことが可能であるからである。

カズコさんにとって、結婚で経験した最大の苦労は家族関係・親戚関係にあった。姑との関係だけではなく、夫との関係にもあった。たとえば、夫が二番目の妻をもったことや、夫の故郷アンボンへ一緒に帰省することを勧めなかったこと、また招待された独立記念日の式典に夫婦同伴で参列しないことなど、いくつかの点にわだかまりがあったからである。

家族や夫にとって一番よかったことは、結婚後六年経って、彼女が日系企業で働きはじめて収入が増えたことである。彼女が働くようになるまでは毎月の生活費に事欠き、日本に帰る旅費も貯めることができなかった。

カズコさんの給料は夫の給料より多かったので、夫も経済的な面で肩身の狭い思いをしなくてすんだ。また子どもたちを私立の大学に進学させることができた。夫も国営企業に勤めながら、彼なりの自由な生活が可能となった。しかしながら、二〇〇三年帰らぬ人となった。

経済的に困窮したこと、姑や夫との確執のなかで、カズコさんは三人の子どもを育て、今日まで懸命に生きてきた。確かにカズコさんの知り合いの日本人女性のなかには、さまざまな理由から帰国した人も多いという。しかしながら、「帰るな」「一度嫁いだら、向こうのしきたりに従え」「離婚するのは恥だ」と自己を叱咤激励し、頑張ってきたという。

「私の世代でインドネシアに残っている人は、気が強いか私のようにのんきな人ぐらいかもしれない」とカズコさんは語っている。危機をうまく乗り越える知恵と経験があったのかもしれない。インドネシアに嫁いだ日本人女性たちの個々の異文化結婚は、凄まじいドラマである。

賠償留学生と結婚した気概——ヒロミさん

ヒロミさんは一九四九年、東京に生まれる。結婚後は二児の母として、幼児教室を開いてきた。夫は一九四二年生まれで、南スラウェシ出身のイスラーム教徒である。ジャカルタで貿易会社に勤務しており、父はマカッサル人、母はブギス人で、両親も異民族結婚である。賠償留学生の第四期生として来日、留学中に知り合い、一九七〇年に日本で結婚する。

出会い

ヒロミさんは高校生のころから東南アジアに関心のある、当時としてはめずらしい学生であった。高校二年のとき、テレビ番組「兼高かおる世界の旅」の論文募集に投稿し、全国で八人のなかの一人、東京代表に選ばれ、フィリピンやシンガポールを訪れたことがある。

大学時代は慶応大学で歴史学を学び、また留学生のボランティアグループに属し、大学のクリスマス会などに参加していた。その会に友人とたまたま来ていたのが将来の夫であった。夫は最初、京都大学に入学したが、京都が肌に合わず日本大学商学部に移っていた。

その後、インドネシアの賠償留学生が滞在する幡ヶ谷のウィスマインドネシア寮のクリスマス会に招待される。そのとき彼女は流暢な日本語を話す夫から、「この間はお世話になりました」と挨拶されたが、実際あまり覚えていなかった。その後も何回か、街で偶然あったりしているうちに、毎日電話がかかってくるようになり、その強引な押しとエネルギーに押されて、一九七〇年、まだ大学三年生のときに結婚する。

ヒロミさんは学生であったが結婚することに違和感はなかったという。母親は離婚した後、ヒロミさんと実家の祖父母の家に住んでいた。ヒロミさんが夫と知り合ってからまもなく祖父は亡くなってしまったが、田舎出の厳しい祖父だったので、もし生きていたら、絶対反対したのではないかと思っている。離婚している母は仕方がないと思ったようだし、ヒロミさんが結婚することにそれほど拒否反応はみせなかった。

西カリマンタンでの結婚生活

ヒロミさんがインドネシアで最初に住んだのは、西カリマンタン（ボルネオ島）のポンティアナックという町であった。夫が木材伐採の仕事をしていた関係で、家族でそこに生活することになったのである。首都のジャカルタも現在とくらべれば驚くほど不便な時代に、ポンティアナックはほんとうに住みにくいところであった。

水道も井戸もなく、雨水を貯めて利用したり、二日に一度は停電するので、冷蔵庫や洗濯機が十分に利用できなかった。風呂に入るのにも苦労した。

ヒロミさんの母親からは、毎月、クッキー、衣服、下着、ティッシュ、オムツ洗いの洗剤などの日用品を船便で送ってもらった。集中してある人にだけ物が送られると問題も起こるので、税関用のプレゼントを忍ばせた送り方を考えだした。母親も娘や孫へ毎月荷物を送ることが生きがいだったという。森林伐採の現場に同行したこともあり、蚊や蛭、蟻に悩まされたとヒロミさんは原生林での生活を振り返っている。

文明から隔絶した生活のなかで恋しかったのは活字であった。日本船が入ると、彼らがおいていった週刊誌や新聞を楽しみに読んだ。古くても、求人広告でも、男性週刊誌でも何でもよかった。たまたま持参してきた学生時代の教科書も何度も読んでしまったという。日本文学への郷愁、活字づけだった日本人が活字のない社会に暮らすことの苦しさを体験する。これも体験した人にしかわからない異文化体験である。

ジャカルタでの生活

一九七三年、ヒロミさんは娘の出産に備えて、妊娠初期から日本に帰った。日本に帰ると三歳になる長男はヒロミさんの母親になつき、日本語もしゃべるようになっていった。すると母親は孫がかわいらしくて離れられなくなる。ヒロミさんがジャカルタに戻るときに母親もついてきて、親子でのジャカルタでの生活が始まる。

母親が同居することについては、夫も賛成してくれた。子どもが大きくなると日本に帰国したり、ジャカルタで一人で暮らしている親もいるが、ヒロミさんの母親はいまも同居を続けている。そして同居している孫たちの世話にも当っている。

家庭での料理はヒロミさんと母親が二人で作る。お手伝いさんは食器洗い、掃除、洗濯などをするだけである。ヒロミさんは元来料理が好きで、インドネシア料理も自分で作る。正月にはおせちも作るし、何でも自分でしないと気がすまない性格である。数学教室を自宅で開いているときも、手作りのお菓子を生徒たちに用意していた。

言葉と教育、家庭

家庭内では夫がいるときはみんなインドネシア語を話す。一九七一年生まれの長男ポールと一九七四年生まれの長女キャシーは、幼稚園からカトリック系の学校に通い、地元の高校を卒業している。ヒロミさんは、子どもたちに日本語を教えたいという気持ちはあったが、日本の教育を受けさせることは考えなかった。将来、どこの国で生きていくのかは子どもたち自身が決めることだと考えたからである。

子どもたちは日本語で日常会話ができる。しかし、新聞や書籍を読めるほどの日本語力ではない。カタカナや漢字などで簡単な読み書きはできる程度である。子どもたちは中学生になるまで日本に行ったことはなかったが、自宅でヒロミさんが日本人の子どもたちを対象に数学教室を開いていたので、日本人の子どもと触れ合う機会が多かった。マンガや本やジャパンクラブから借りたビデオなど見る機会もあったからだ。

その後、長男がシアトルの大学へ、長女はシカゴの大学に留学し、ともに留学中にインドネシア人の伴侶をみつけている。長男には一カ月半の息子が、長女には二歳の息子がおり、同居している。週三回のプレスクールに通う孫をヒロミさんが送り迎えをしている。

おわりに――日本人女性と世代格差

五〇～六〇代の日本人女性たちは、独立間もないインドネシアに嫁ぎ、子どもたちをインドネシア人として育てようとした。たとえ子どもたちに日本語を教えたいと思っても、それより先にインドネシア語や英語を勉強させている。ヒロミさんはそれでも子どもたちが日本語を最低限できるように教育した。同居している母親とも日本語の会話ができる環境にあるからだ。

五〇～六〇世代の人たちは、三〇～四〇代のひまわり会の会員と自分たちを対比する。そしてそのライフスタイルの違いを指摘する。ときには生き方の違いが鮮明になる。

上の世代は賠償留学生と日本で知り合うことが多かったが、若い世代がインドネシア人の夫と知り合うのは世界中である。留学先、仕事先で、アメリカ、オーストラリア、ニュージーランドなどさまざまである。だが夫は日本語ができない。それで夫が日本語ができたらと、上の世代をうらやむことにもなる。夫とのコミュニケーションは英語で、インドネシアに来て初めてインドネシア語を学ぶことになる。

ひまわり会では五〇～六〇代は少なくなり、生活環境の相違から世代間ギャップが著しい。とりわけ、結婚したころの経済的な苦労はいまの人たちに話しても理解してもらえない。戦争世代が戦争を知らない子どもたちに思い出を話すようだ。

価値観も、子どもの教育に関する考え方も異なる。国籍も日本のままで、子どもたちを日本人学校へ入れる。とくに中華系の人たちと結婚した人たちに多いことはすでにみてきたとおりである。グローバルな世界に生きようとする華人の世界戦略なのであろうか。

ジャカルタに来た若い世代に対する厳しい意見もある。駐在員の日本人女性はなんでもお手伝いさんまかせのところがあるとか、母の手料理、日本食が作れず、子どもたちにこれを食べておきなさいと買い置きの食べ物を与えるのではないかと厳しい。若い世代にとって日本料理は、みんなで食べに行くもののようである。

いまは何でも町の食材スーパーにあるので、自分で作らなくてすむ。アズキ（カチャン・メラ）を煮てアンコを作ることもしなくてすむ。上の世代はおせちを作るにも材料がなくて、日本に帰る人に頼んだりした。食生活のあり方、学校の選択や日本語教育、母親と子どもの国籍、家庭内の言語など、世代によって大きな相違がみられた。

海外に生きる日本人女性と言っても、ここで取り上げた異文化結婚家族はその一つの類型に過ぎない。シンガポールを取り上げても、現地で雇用されている若い女性被雇用者、海外企業派遣の主婦、留学生、さらに現地の人と結婚した人たちなど、一つの地域社会に微妙な関係を保ちながら、日本の文化資本を共有しながら生きている人たちがいる(20)。

註

（1）ハルミ・ベフ「グローバルに拡散する日本人・日系人の歴史とその多様性」レイン・リョウ・ヒラバヤシ、アケミ・キクムラ＝ヤノ、ジェイムズ・A・ヒラバヤシ編『日系人とグローバリゼーション―北米・南米・日本―』人文書院、二〇〇六年

（2）Befu, Harumi, "The Japanese Diaspora : Dekasegi, Imperialism, and Transnational Trade", Pan-Japan, Vol. 6, No. 1 & 2, 2008

（3）足立伸子編著（吉田正紀・伊藤雅俊訳）『ジャパニーズ・ディアスポラ―埋もれた過去・闘争の現在・不確かな未来―』新泉社、二〇〇八年

（4）山下晋司『観光人類学の挑戦―「新しい地球」の生き方―』講談社選書メチエ、二〇〇九年

（5）オードリー・コバヤシ「ジェンダー問題〈切り抜け〉としての移民―日本人女性のカナダ新移住―」岩崎信彦、ケリ・ピーチ、宮島喬、ロジャー・グッドマン編『海外における日本人、日本における外国人―グローバルな移民流動化とエスノスケープ―』昭和堂、二〇〇三年／同「ジェンダー克服としての海外移住―カナダにおける近年の日本人移民女性の動向―」レイン・リョウ・ヒラバヤシ、アケミ・キクムラ＝ヤノ、ジェイムズ・A・ヒラバヤシ編『日系人とグローバリゼーション―北米・南米・日本―』人文書院、二〇〇六年／加藤恵津子『「自分探し」の移民たち―カナダ・バンクーバー、さまよう日本の若者―』彩流社、二〇〇九年

（6）嘉本伊都子「「あるかもしれない」時を求めて―カナダ・モントリオール在住国際結婚のケース・スタディー―」『京都女子大学現代社会学部紀要　現代社会研究』九・一〇、二〇〇六・〇七年

（7）嘉納もも「多文化家庭におけるエスニック文化の継承―カナダトロント市の五つのケースから―」『多言語多文化研究』九、二〇〇三年／嘉納もも・嘉本伊都子「トロント日系コミュニティにおけるエスニック文化継承―「池端ナーサリー」の位置づけ―」『京都女子大学現代社会学部紀要　現代社

会研究』八、二〇〇六年
（8）山田礼子『「伝統的ジェンダー観」の神話を超えて―アメリカ駐在員夫人の意識変容―』東信堂、二〇〇四年
（9）Martin, Ruth, "Diaspora and Japanese Wives in the United Kingdom : Transience to Permanaence in the Japanese Community", Pan-Japan, Vol. 6, No. 1 & 2, 2008
（10）藤田結子『文化移民―越境する日本の若者とメディア―』新曜社、二〇〇八年
（11）酒井千絵「香港における日本人女性の自発的な長期滞在―長期滞在者からみた香港就職ブーム―」岩崎信彦、ケリ・ピーチ、宮島喬、ロジャー・グッドマン編『海外における日本人、日本における外国人―グローバルな移民流動化とエスノスケープ―』昭和堂、二〇〇三年
（12）ベン・アリ、イヤル「シンガポールの日本人―海外移住者のコミュニティの動態―」岩崎信彦、ケリ・ピーチ、宮島喬、ロジャー・グッドマン編『海外における日本人、日本における外国人―グローバルな移民流動化とエスノスケープ―』昭和堂、二〇〇三年／レンレン・タン、合田美穂、エリザベス・マクラーチュアン「仕事と自己の相互関係―シンガポールにおける日本人女性の経験―」足立伸子編著（吉田正紀・伊藤雅俊訳）『ジャパニーズ・ディアスポラ―埋もれた過去・闘争の現在・不確かな未来―』新泉社、二〇〇八年／Ben-Ari, Eyal & Yong Yin Fong Vanessa, "Twice Marginalized : Single Japanese Female Expatriates in Singapore", Japan in Sigapore : Cultural Occurrences and Cultural Flows, Eyal Ben-Ari and John Clammer (eds.) Richmond : Cruzon, 2000
（13）本書第2章参照。そのほか嘉本伊都子『国際結婚論!?　現代編』法律文化社、二〇〇八年／サンダース宮松敬子『日本人の国際結婚―カナダからの報告―』彩流社、二〇一〇年
（14）嘉本伊都子「「あるかもしれない」時を求めて―カナダ・モントリオール在住国際結婚のケース・スタディ（前編）―」『京都女子大学現代社会研究』九、二〇〇六年／同『国際結婚論!?―現代編―』

法律文化社、二〇〇八年／鈴木一代『海外フィールドワークによる日系国際児の文化的アイデンティティ形成』ブレーン出版、二〇〇八年

(15) 鈴木一代『海外フィールドワークによる日系国際児の文化的アイデンティティ形成』ブレーン出版、二〇〇八年

(16) 嘉本伊都子「「あるかもしれない」時を求めて―カナダ・モントリオール在住国際結婚のケース・スタディ（前編）―」『京都女子大学現代社会研究』九、二〇〇六年／同『国際結婚論!?―現代編―』法律文化社、二〇〇八年

(17) 同右

(18) 山下晋司『バリ観光人類学のレッスン』東京大学出版会、一九九九年／松村章子『バリ島結婚物語』情報センター出版局、一九九八年

(19) 竹下修子「アンケート調査結果報告」『ひまわり会会報』第七四号、二〇〇三年

(20) Ben-Ari, Eyal & Yong Yin Fong Vanessa, "Twice Marginalized: Single Japanese Female Expatriates in Singapore", Japan in Sigapore: Cultural Occurrences and Cultural Flows, Eyal Ben-Ari and John Clammer (eds.) Richmond: Cruzon, 2000／ベン・アリ、イヤル「シンガポールの日本人―海外移住者のコミュニティの動態―」岩崎信彦、ケリ・ピーチ、宮島喬、ロジャー・グッドマン編『海外における日本人、日本における外国人―グローバルな移民流動化とエスノスケープ―』昭和堂、二〇〇三年／レンレン・タン、合田美穂、エリザベス・マクラーチュアン「仕事と自己の相互関係―シンガポールにおける日本人女性の経験―」足立伸子編著（吉田正紀・伊藤雅俊訳）『ジャパニーズ・ディアスポラ―埋もれた過去・闘争の現在・不確かな未来―』新泉社、二〇〇八年

II インドネシア／日本人男性

4

ジャカルタに住む日本人男性の異文化結婚
インドネシア文化のなかで生きる

はじめに――男性特有の異文化生活戦略はあるのか

第I部では、日本人女性とインドネシア人男性の異文化結婚を、日本人女性へのインタビューをもとに考察した。本章では、主に仕事を通じてインドネシアに滞在しているときにインドネシア人女性と知り合い、結婚を選択し、インドネシアで生活している日本人男性を取り上げる。

ジャカルタの日本人女性が「ひまわり会」のような親睦団体をつくっているのに対して、男性がそのような団体を結成している様子はない。そのためインドネシア人女性と結婚している日本人男性のおよその人数は把握できない。しかしながら、個別のインタビューから、異文化に対す

表4　インドネシア人女性と結婚したジャカルタ在住日本人男性

氏名	年齢	職業	妻の民族	妻の宗教	妻との会話	男性の食事
谷　村	55	ビル管理会社所長	ジャワ	イスラーム	インドネシア語	日本食
桜　井	66	自営業	（不明）	イスラーム	インドネシア語	日本食
金　山	68	日本語教師	ジャワ	イスラーム	インドネシア語	インドネシア料理
大　倉	38	自営業	ミナンカバウ	イスラーム	インドネシア語・日本語	インドネシア料理・日本食
山　川	61	自営業	ジャワ	イスラーム	インドネシア語	日本食
熊　山	57	自営業	華人	カトリック	インドネシア語	日本食
村　山	51	レストラン経営	マナド	プロテスタント	インドネシア語	日本食
森　川	57	寿司店経営	ジャワ	イスラーム	インドネシア語	日本食
山　田	60	製造業社長	華人	仏教	インドネシア語	日本食

注）名前は仮名、2007年現在。

る日本人男性の生き方やこだわり、文化の越え方を垣間見ることはできるであろう。

筆者は二〇〇四年と二〇〇七年にジャカルタを訪問した際、インドネシア人女性と結婚した日本人男性二〇名ほどにインタビューを行った。彼らがインドネシアに来た経緯、インドネシアでの仕事、妻との出会い、家庭で使用する言葉、食生活、子どもの教育、そのほかインドネシアで生活するなかで経験したインドネシアの文化や社会、宗教に関する見解などを自由に語ってもらった。

本章では、そのうち九名の日本人男性を取り上げ（表4）、彼らの具体的な日常生活から、異文化での生き方を学ぶことにする。

各インタビューは、はじめのうちは仕事の話題が中心であった。男性にとって仕事はみずからのアイデンティティを表出する場であるからだろう。しかし、インタビューが進むとともに、次第に食べ物のことや言葉、宗教などの日常生活に触れはじめた。そのなかに日本人としてのアイデンティティが表出してくる。とくに男性は食文化に強いこだわりがあることがわかる。男性と女性の間に、異文化との接触や適応の違いがありそうだ。ジェンダーを超えた共通性がみられるのかにも注目したいし、男性独自の異文化生活戦略なるものがみられるのかも考えてみたい。

なお、インタビューには、ジャカルタの福祉友の会ヘル・サントソ衛藤理事長（当時）や婦人部マデオカ・セツコさんに紹介や立会いをお願いした。個人的な関係でインタビューした方もいる。

帰る国がない、頑張るしかない――谷村さん

谷村さんは一九五二年、東京池袋に生まれる。大阪大学の機械工学科を卒業後、石油関係の会社に就職した。翌年、インドネシアに派遣され、はじめてインドネシアを体験する。会社からインドネシアへの出張命令を受けたときは、インドネシアへの関心も知識もまったくなかった。イ

ンドネシアはジャングルのようなところで、何もないところと覚悟を決めて赴任したという。

インドネシアには言葉と歌で

最初の仕事はインドネシアの国営石油会社プルタミナの製油所で、タンカーへ原油を積む作業を監督する仕事である。谷村さんがインドネシアに来て困ったことは言葉であった。従業員にはインドネシア語で指示しないと理解されず、仕事にならないことがすぐわかった。現地に派遣されている日本人スタッフが三人いたが、世代も役職も違うので相談できず、インドネシア語を学ぶために、毎晩ひたすら現地の友人とホテルのバーで飲んだり、パーティに出席したり、映画を見たりして、積極的にインドネシア語を覚える努力をした。

最初のプロジェクトは九カ月ほどであったが、ジャカルタに戻ったとき、何年もジャカルタの事務所にいる同僚よりもインドネシア語が上手になっていたという。

その後もインドネシア出張があり、数カ月のプロジェクトを繰り返していた。帰りにインドネシアの歌のカセットテープを買い、日本に帰っても通勤の間聴いていた。言葉の勉強よりも、恋愛の歌がたくさんあったことやカラオケで唄いたかったからだという。もちろんインドネシア語の発音を習得することやインドネシア人との交流にも役立った。

一九九二年、ジャカルタに現地駐在所が開設されると、そこへの赴任を命じられ、それからジャカルタでの長期生活が始まる。

結婚と転職

谷村さんは一九九五年、ジャワ中部出身の女性と結婚した。四三歳のときである。妻は一九六八年生まれで一三歳の年の差がある。谷村さんは再婚である。翌年、女の子が生まれた。

一九九七年には、インドネシア人家族を西部ジャワのチレボンに残し、親会社に戻るため一時日本に帰国する。そして九九年には、二二年間勤務した会社を希望退職する。そして、時間的にインドネシアに戻れる余裕のある職場を求めて転職活動を開始する。

生活のために、学生時代の友人と日本でビデオ販売をはじめる。だが、慣れない仕事であったためたちまち失敗してしまう。夜も寝られないようなつらい時期であったと回想している。しかし、どんなに苦しくても家族がいるから死ねないと頑張ったという。

財団法人海外貿易開発協会（JODC）の専門家派遣に登録しインドネシア行きをめざしたが、大企業向けの人材派遣のため断念し、現地駐在所時代の友人であり、ゴルフ仲間でもあったジャカルタ在住の旅行会社の社長によばれてインドネシアに戻る。ようやく家族とも暮らせるようになり、その旅行会社の仕事は二〇〇三年まで続いた。

そして二〇〇三年からはジャカルタの目抜き通りにある日系のビル管理会社の所長をしている（二〇〇四年現在）。五一歳となっていた。これまでの経験や技術を生かせばそれなりのところに就職できたとは思うが、危険がともなう職種でもあり、まったく別の世界で働きたいと思っていたという。

就職活動を続けているとき、仕事を斡旋してくれたり、滞在のビザ申請に協力してくれた人はいつもオーナー社長であった。大企業に雇用されている人たちは人事にはあまり口が出せない。谷村さんは現在のような人材派遣会社のない時代に、それまで培った人脈と人との出会いによって仕事を続けてきた。

ゆずれない日本食

仕事だけでなく、彼の結婚生活も少し複雑である。日本人の先妻との間には二人の男の子がいる。家族でインドネシアに暮らしていたとき、子どもたちは日本人学校に通っていた。現在、子どもたちは東京に住み、帰国したとき会うことがあり、仕送りも続けている。

再婚したインドネシア人女性の家族とは、インドネシア語で話す。小学六年生になる娘は仏教系の私立学校に通っている。華人の生徒が多いが、さまざまな民族から構成されていて、英語を重視し、かつ中国語も教えている学校である。そのため、娘も英語を一生懸命話そうとしているという。いまのところ近くに日本語を教えるところがないので、英語と中国語を学んでいる。将来、外国へ行きたいといったら、できるかぎり援助したいという。

谷村さんが唯一不満なのは、妻が日本料理を覚えようとしないことである。インドネシア語訳のついた日本料理の本を与えたが、なかなか作ってくれない。自分のできるインドネシア料理しか作らないし、それもワンパターンである。学ぶ気がないようだという。谷村さんはインドネシアの国民食ともいえるパダン料理は嫌いではなし、食べられなくはないが、毎日は食べられない。油脂を多用するので、健康を考えると日本料理のほうがよいからだ。

そこで谷村さんは夕食を自宅でとらない。昼も夜も、近くにある日本料理店ですませてしまう。「夕食の時間に家に帰れるのだが、自宅には日本食がないので、外で食べて帰るしかありません」と言う。「妻がいろいろな料理を作ってくれて、一家団欒があればいいのだが、あきらめています」と語った。「日本人の奥さんなら、そうするよ」と思っても、これまでの育ちが違うから、期待するような主婦像は生まれないようだ。

インドネシアに暮らす多くの日本人男性が唯一変えたくないのは食習慣である。そのため妻が日本料理を作る努力をしてくれないときは、谷村さんのように外食ですませるしかない。

お手伝いさんのこと

谷村さん宅で妻が忙しいのは、お手伝いさんがいないためでもある。通常、インドネシアの中産階層以上の家庭は、掃除や洗濯などの家事を行うお手伝いさんを雇う。しかし、いればいたで別のストレスが生まれるという。なかには悪質なお手伝いさんもいる。

谷村さんの妻もお手伝いさんを使いたくないという一人である。しかし、いなければ家事全般に加えて、子どもの学校や塾への送り迎え、買い物、食事の支度とすべて自分一人にかかってくる。時間のやりくりを要領よくしないと、新しい要望には応えられない。

以前は、田舎から都会に出てきて、奴隷のように働かされたお手伝いさんが少なくなかった。しかし、テレビを見て華やかな世界を知り、携帯電話をもち、デートをし、都市生活の楽しさを味わってしまうと、主従の格差のある仕事にだんだん馴染まなくなってしまい、お手伝いさんを使いこなすことが一苦労になるのである。一般に、西洋人や華人は人間の管理に慣れているが、日本人やインドネシア人は苦手なようだ。

イスラームへの見方

谷村さんの妻はムスリムである。しかし、年一回の断食はするが、毎日の礼拝はほとんどしない。女性の顔を隠す「ジルバブ」もつけていない。敬虔なムスリムではない典型的な穏健なジャワ人ムスリムである。

子どもを、はじめに地元のイスラーム系の学校に入れようと考えたが、結局、宗教的に比較的寛容な仏教系の学校を選択した。それでも、毎週日曜日、子どもにアラビア語でコーランの読み方を教える先生に来てもらっている。娘が通う小学校ではイスラーム教を教えないからである。

谷村さんもコーランを日本語で半分ほど読んだことがあるが、インドネシアに住んでみて、またイスラーム教徒の妻の生活をみて、彼女たちはイスラームの戒律を自分の好きなように解釈しているようにみえるという。イスラームがジャワ人（あるいはインドネシア人）には合わないのではないかとさえ思っている。ムスリムなのに必ずしも教えに従って生きているようには思えないからである。谷村さんは結婚によって名目上のイスラーム教徒になった。しかし、すでに年配になった後での改宗であり、インドネシアのイスラームを冷静にみている。

五七歳で再婚、年の差なんて気にしない——桜井さん

桜井さんは一九四一年、兵庫県西宮に生まれ、東京で育った。通信士を養成する専門学校を卒業後、半年ほど新聞社で通信士として働いたのち、商社に入社する。しばらくはテレックスの仕事に携わり、二六歳のとき、三年間ニューヨークに単身赴任する。ニューヨークでの生活は、日本食レストランもあって、それほど生活に困ることはなかった。仕事以外の時間にはバレーボールやスキーを楽しむスポーツマンである。

帰国後、大阪勤務となり、五年ほど暮らす。その後、三〇代から四〇代にかけては、東京を中心にして、会社の保養所やゴルフ場の資産管理部門を担当した。ゴルフ場造成のための土地買収交渉なども手がけた。仕事以外にはママさんバレーのコーチをしていた。

ニューヨークに単身赴任する前に結婚していたが、さまざまな理由で家族は同行しなかった。その後、大阪、東京では一緒に生活した。その間に女の子二人、男の子一人が生まれる。

五〇代でジャカルタ定住、再婚

一九九三年、五二歳のときに、会社のジャカルタ駐在所に派遣される。単身で赴任した。その後、帰国命令が出たが、定年も近いため、会社を辞めジャカルタにとどまる決心をする。

子どもたちも結婚し、自立したので、一九九七年に正式に離婚した。五六歳のときである。日本に帰れば、子ども三人と孫が六人いる。会うことはできるが、桜井さんは日本の持ち家をすべて売り、もう日本には帰れない状態であるという。

定年後、あるいは定年近くになって仕事が一段落すると、新しい人生を異国で再開する人たちがいる。日本人男性と現地女性との再婚は、インドネシアやほかの東南アジアの国々では決してめずらしいことではない。

桜井さんが再婚を決意したのは離婚の翌年、五七歳のときである。相手のインドネシア人女性はまだ二二歳で、先妻との子どもと同世代である。「ボクは年をとって、お金がないよ。それでもいいかい?」と尋ねると、「大丈夫、ちゃんと面倒見てあげるから」というので、「じゃあ、結婚しようか」ということで結婚したという。

桜井さんは現在、日本人のビザ書類の代行業務を請け負う仕事につき、一〇〇社ほどと取引している。二〇〇四年には再婚した妻名義の会社を設立し、今日に至る。結婚しているので、配偶者ビザを取得できるが、そうすると労働ができなくなるため、勤めている会社から労働ビザを発行してもらっている。

子ども・学校・言葉

子どもは女の子でまだ九歳、小学四年生（二〇〇七年現在）である。妻は学校への送り迎えなどもあり、現在、仕事には関係していない。

子どもの通う学校はグローバルジャヤという私立校で、インドネシア語を主体としながら、アメリカやイギリスから先生を招いて英語教育にも力を入れている人気のある学校である。だから、娘はかなりうまく英語を話す。これからのことを考えて英語、インドネシア語、さらに日本語の力もつけるべく、メガワティ大統領の元通訳だった友人に来てもらって父と娘で語学の学習を自宅で続けている。娘は日本語を、桜井さんはインドネシア語を学んでいる。

桜井さんは一九九三年にジャカルタに赴任する前後に、詰め込みでインドネシア語を勉強した。しかし、身につかず、独学で勉強してきたという。現在、五〇歳を過ぎてインドネシア語の教科書を使って勉強している。ますますインドネシア語の難しさがわかり、いままで恥ずかしいインドネシア語を話していたのだと実感している。

妻とはインドネシア語で会話しているが、妻は日本語を勉強したくなさそうである。日常的に英語もあまり使わない。

国籍

インドネシアでは、子どもは通常、父親の国籍を自動的に取得できる。しかし、桜井さんは娘の国籍をインドネシアにしている。自分は高齢なので、将来、母親と娘が同じ国籍でないと困るかもしれないとの配慮からである。

桜井さんは日本国籍である。仕事の上で、インドネシア籍のほうが便利なときもあるが、日本に行くときに面倒なのでそのままにしている。外国居住の日本人が日本に戻るとき、一度外国籍にすると、日本に渡航する際には日本人であることを証明できる戸籍謄本などの書類が必要である。さらに法律の改正で、残高のある預金通帳とか日本にいる人の招待状とか、手続きが複雑になってきているようだ。

日本食を作ってもらう

桜井さんのふだんの食事は日本食が多い。「毎晩、家族一緒に食べることが多いが、私が日本食、家内がインドネシア食、子どもはどちらでも食べるが、どちらかというとインドネシア食をおいしく食べる」という。

桜井さんの妻は日本語をあまり理解できないが、NHKテレビの料理番組などを見て、日本料理のレパートリーを増やしてくれる。画面に出てくる絵やスプーン何杯とかで理解しているようだ。最近はにぎり寿司に挑戦している。

お手伝いさんは掃除や洗濯をし、料理は妻がしている。夜はご飯を少なくして、野菜やおかずを適当に多くして準備してもらう。桜井さんが毎晩遅くなり、九時すぎになっても、妻は日本料理を作って待っていてくれる。

自宅で日本料理を食べられることが安らぎであるという。日本食について関心をもってくれるので、日本に行ったときには綺麗な写真の日本食の本をよく買ってくる。その点で、桜井さんは「本当に助かっている」と妻に感謝している。谷村さんの妻との違いに驚かされる。

もちろん、桜井さんもインドネシア料理になじんできている。好きな料理はグラメゴレン（川魚のフライ）である。インドネシアで人気のあるパダン料理はあまり食べない。レストランの料理の出し方が好きでないという（たくさんの料理が出てきて、食べた量だけ計算されるのはいいが、残った料理を捨てずにまた使用する）。でも、レンダンという牛肉のココナツ煮はご飯のおかずとしてとてもおいしいという。多くの日本人が好む料理である。

日本語教師として生きがいを追求する——金山さん

金山さんは一九三九年、鹿児島に生まれる。東京都庁に勤め、課長にまで昇進した。在職中、アメリカに研修生として派遣された。そのときホームステイをした家族から日本語を教えてほしいと頼まれたが、あらためて考えてみると、自分が母国語を教えられないことに気づき大きな衝撃を受けた。そのときの経験がその後の人生を日本語教育にかけるきっかけとなった。

一九八六年、年金を受給できるくらいは働いてきたので、本格的に日本語教師になろうと決心し退職する。すでに四七歳になろうとしていた。友人からは「おまえはバカだ」と言われた。たしかに収入は一〇分の一に減少した。しかし、日本語教師になりたいという夢へ突進していった。それが自分に課せられた使命であるとさえ感じていた。日本語教師養成学校に二年間通い、さらに二年間、国際交流基金の語学研修を受講した。

そして一九九〇年、国際交流基金から日本語教育の海外専門家として、インドネシアに派遣される。三年ほどフィリピンの大学に派遣されることもあったが、それ以外は一貫してインドネシアで日本語教育に取り組んできた。現在（二〇〇四年）はジャカルタ郊外のブカシにみずから日本語学校を開校している。

結婚・言葉・食べ物

金山さんはインドネシアに派遣されて四年目の一九九三年、五四歳のときに、中部ジャワ出身のジャワ人女性（当時三〇歳）と結婚する。再婚である。

インドネシア赴任当時は日本人女性と結婚していたが、先妻はくも膜下出血で急死してしまった。先妻との間の子もすでに結婚し、孫娘もいる。彼女も日本語教師をめざして、大学に在籍し、日本語を学んでいる。

一方、新たな妻も再婚で、二人の連れ子がいる。中学二年生と三年生の男の子で、日本人学校ではなく、地元の学校に通学している。妻も子どもたちも日本語がまだ上手に話せないので、家族の間ではもっぱらインドネシア語で会話している。

金山さんはインドネシアで生活するうちに、インドネシア料理をほとんど食べられるようになった。お手伝いさんや妻が作るものなら何でも食べている。一方、日本料理は金山さん自身が作る。とくに妻の親戚が来たときやパーティのときなど、すき焼きや寿司などを料理するとみんな喜んで食べてくれる。そういうわけでインドネシア料理は妻が、日本料理は金山さんが担当し、両方のメニューが出てくることもある。日本食の微妙な味を出すのは日本人が優れているし、インドネシア人の作るスープ味は、簡単に真似できるものではない。

ムスリムになる

結婚と同時に、金山さんはイスラーム教に改宗する。妻とその家族は、どちらかというと敬虔なムスリムである。彼女が生まれたジャワ中部のディエン高原は、近くにイスラームの聖地があって、ムスリムの人びとが巡礼にやって来る。そうした環境に育ったからのようだ。

毎日必ず五回の礼拝を欠かさない。ラマダン月の断食も家族全員でしっかりと行う。ザカットという貧しい人たちへのお布施も、通常のムスリムと同じように行う。金山さんもいずれメッカへ巡礼したいという。

男の子はムスリムとして一人前になった証として割礼を行うが、二人の息子は小学五年生のときに終えている。割礼にともなう宴会（スラマタン）もにぎやかに行った。金山さん自身も結婚してから、妻の親戚に集まってもらって割礼をし、スラマタンをすませた。

ムスリムとして豚肉を食べなくなり、酒もタバコもやめた。都庁勤めのときは、毎晩一升酒であったが、いまは酒を飲むこと自体忘れてしまったほどであるという。当時、酒を飲むことは出世のためであり、馬鹿みたいに騒いでストレスを発散する手段だった。金山さんは、現在インドネシアで、酒を忘れ、出世を忘れ、ムスリムとして、家族や親戚の一員として生きている。

長い人生の生き方

サラリーマンの絶頂期に退職し、みずからの天職をみつけてインドネシアに渡り、五〇代で結婚し、イスラーム教徒となり、第二の人生を歩んできた金山さん。ほかのジャカルタ在住の日本人にくらべて、かなり現地生活に適応しているようだ。

金山さんは六八歳になるが（二〇〇七年現在）、日本に帰ると「おまえは、年より若いね」と言われるという。これから高齢者介護士の資格をとるつもりだという。そして、高齢者介護の現場で働くインドネシア人が日本語教育を受けることのできる学校の設立を夢見ている。

「七〇歳になっても元気な人はお化けである」と金山さんは言う。ジャカルタには生き生きとして働く七〇代の男性をよく見かける。みんなかくしゃくとしている。そこには素晴らしい高齢者の生き方がある。加齢とともに新しく化ける、生まれ代わる必要があると金山さんは言う。

金山さんが公務員から日本語教師になったのも、「一生教えられる。一生その仕事ができる」という長い人生がそのときみえたからである。「六〇歳で終わり、さようなら」とはならないぞと決心したという。「俺の人生は良かった、俺の人生は楽しかった。精一杯生きたと思ってインドネシアで死にたい」と語る。

インドネシアでビジネスを展開——大倉さん

大倉さんは一九六九年、福岡に生まれる。現在(二〇〇七年)三八歳。広島経済大学を卒業後、海外引越しや一般貨物輸送を取り扱う会社に入社し、数カ月後には駐在員としてジャカルタに赴任した。三年後に帰国命令が出たが、日本には戻らず、現地で結婚したこともあり、そのまま同じ仕事をしながらインドネシアで生活している。

二〇〇〇年、インドネシア人の妻を名義上の社長にして会社を立ち上げ、現在に至る。現在も工場の部品や機械など一般の会社が必要な貨物の輸出入を取り扱っている。またビザ関係や輸出入のコンサルタントなども手がけている。妻も現在は別の会社を設立し経営している。

インドネシアとのかかわり

大倉さんとインドネシアとのかかわりは、学生時代、インドネシアを訪問したことに始まる。当時、ゼミの先生もインドネシアの経済計画にかかわっていたり、広島経済大学に滞在していたインドネシア人教師にインドネシア語を教わったりして、インドネシアは馴染みの国となった。また卒業後は、海外で働くことを希望していた。

結婚と民族の慣習

インドネシアに赴任してから四年目の一九九六年、二七歳のとき、ジャカルタ生まれのミナンカバウ人女性と結婚する。一九七〇年生まれで、一つ年下になる。彼女は広島経済大学に来ていたインドネシア人教師の娘さんで、二人が最初に会ったのは広島である。大倉さんがジャカルタに赴任した後も、インドネシアに帰国していたインドネシア人教師はしばしば自宅に大倉さんを招き、家族とも交流しているうちに恋が芽生えたようである。

結婚について日本の両親は反対せず、「いいよ」と言ってくれた。かえって妻側の親戚に戸惑いがあった。彼女の家族は母方のおばさんたちの力が強かったので、おばさんたちから結婚の承諾が最終的に得られたので結婚することができた。

結婚式はジャカルタの妻の家で行い、披露宴はジャカルタの目抜き通り、スディルマン通りにあるビルのホールで行った。披露宴にはパダン料理と日本料理が供された。日本人だけでも一〇〇名、インドネシア人も五〇〇名近く出席した盛大なパーティになった。

ミナンカバウ人は母系制なので、財産は女系で継承される。女性が異民族と結婚すると、財産を放棄しなくてはならない。しかし妻の家族は都市生活者であり、そのような心配はなかった。祖父母が亡くなったときも、母系制の風習やイスラームの男系の風習にこだわらず、財産を均分したほどである。

言葉の習得

大倉さんはジャカルタに赴任してから、日常会話を積み重ねることで次第にインドネシア語を身につけていった。毎日テレビを見て、わからないテロップを後で調べたりしたこともあったが、会社の従業員と話すうちにインドネシア語は上達し、三年くらいで日常的な仕事に支障がないほどになった。

夫婦の会話はインドネシア語である。最初は英語で話していたが、現地での滞在が長くなるにつれ、インドネシア語のほうが楽になったので、妻もインドネシア語にしようということになった。会社でも、毎日インドネシア語である。

妻はミナンカバウ人なのでミナンカバウ語を理解するが、ジャカルタにいる兄弟はほとんど民族の言葉はできなくなっている。西スマトラのパダンから来たおばさんや年配の人が話すにすぎない。みんな集まればインドネシア語になる。彼らの母語はインドネシア語だけになってきている。

家族と宗教とのつきあい

ミナンカバウ人は出稼ぎの民族として知られ、故郷以外のところで成功することを誇りとしている。勤勉なビジネスマンとして、また敬虔なムスリムとしても知られている。

しかし、妻の一家は熱心なムスリムではない。最近は一日一、二回礼拝するようになったが、かつてはまったくしていなかった。ジルバブなどもつけていない。

イスラーム教徒にとって重要な断食も、妻は結婚して三、四年はしていたが、最近は行っていない。だが昼間、会社にいるときは、断食の間は大倉さんも食べないことにしている。基本的に水も出さないようにしてもらっている。ムスリムである人に出すのは失礼にあたるからである。

真性なイスラームになることは難しい。日本人で、たとえハッジ（メッカ巡礼）を行っても、自信をもってムスリムであるとはなかなか言えない。しかし、イスラーム社会で生きていくには、イスラーム教徒としてのつきあいもあるので、家には酒類をおかないし、家では飲まない。たとえ外で友人と飲むことがあったとしても、帰宅したとき親戚がいれば、気づかれないように配慮する。

イスラーム正月である断食明けには、夫婦で親戚の家を訪問する。これだけは欠かさず行くことにしている。二日間ほど、朝一〇時すぎに出て、夜まで、親戚だけではなく知り合いや世話になった家を訪問する。

妻の兄弟でも信仰のあり方はさまざまで、長兄はまじめに礼拝を毎回しているが、次兄はそんなにやらないし、軍人の三男も、日本にいる四男もまじめに行ってはいない。姉もしてはない。断食の時期にはある程度断食をする程度で、ミナンカバウ人みんなが敬虔なムスリムとは言えないようだ。宗教的には寛容な家族である。

子どもの学校と言葉

子どもは男の子が一人いる。日本人学校の一年生である。ふだん大倉さんは日本語で話しかけ、妻はインドネシア語で会話する。子どもはその使い分けをよく心得ている。日本語で話せば、日本語で返ってくるし、インドネシア語で話せばインドネシア語で返ってくる。

日本国籍なので、「日本語をしゃべれない日本人はありえない」と日本人学校に通わせ、日本語を身につけさせた。インドネシア語の勉強は日本語のつぎという考えである。インドネシアに住んでいれば、インドネシア語は自然と身につくとも思った。それでもバイリンガルは難しく、息子の日本語がネイティブとは異なってしまうことは致し方ないという。

ある程度の生活レベルのインドネシア人は英語を話せるようになっている。彼の会社でも、インドネシア人の従業員同士が英語で話しているのをみかける。妻の姉の子どもも、英語で教える私立幼稚園に通っている。将来子どもを英語圏に留学させたいと考えているインドネシア人も多い。妻の姉の夫も、長兄も、海外出張や留学などでアメリカに出かける。このような国際的な環境のため、子どもたちには将来、高校へ進学する段階で、アメリカでもシンガポールでもさまざまな選択肢が開かれている。

食べ物は異文化結婚を象徴する

大倉さんの食事は、基本的にインドネシア風な食べ物が中心である。朝はパン食、昼はインドネシア料理ですませる。家ならラーメンを食べたり、ナシゴレン（焼き飯）だったり、いろいろミックスして食べている。

自宅で日本料理らしきものを食べているが、親戚が来ると「何、これ？」と言って食べなかったり、食べても「この味、何？」と言われることがある。しかし、家族は刺身などの日本食も食べるし、パダン料理も食べる。日本に行っても家族全員で日本料理を食べることができる。家族全員がその味に慣れていることは異文化結婚を象徴しているようだ。複数の文化がミックスし、独自の食文化が生まれている。

しかし、食の習慣は宗教の影響も受ける。名目上にせよムスリムなので豚肉だけは食べない。「日本に行ったとき、私がそのような食べ物を注文すると、妻はやはり嫌がる」と語る。子どもにも豚肉は出さないようにしている。それが習慣になれば、豚肉を食べなくてもそれほど困らなくなってくる。

ジャカルタには日本食材店があり、そこで材料を仕入れて、妻やお手伝いさんが日本料理を作る。本で勉強したりしているようであるが、日本料理も中華料理のように大皿にもって出てくる。それを各自取り分けて食べる。

妻の民族のパダン料理は家では食べない。おいしいレストランがあるし、親戚の家に行けば本格的なパダン料理が食べられるからである。手間がかかるので、特別の機会にしか料理しない。たとえば断食明けの大祭のときは、妻の姉に手伝ってもらい、日本の正月のおせちのようにパダン料理を作る。親戚が家々を訪問し合い、民族の食の伝統が維持されている。

子どもの宗教と国籍

六歳になる息子は日本名とイスラーム名の双方をもつ。まだ割礼はしていない。たぶん翌年あたりにすることになるだろうという。割礼の際には、近所の人たちや子どもの友人を招いて盛大なパーティをする習慣があるが、今日では、家族だけで食事をする家庭もある。姉の子どももそうであった。

ムスリムの常識として、コーランをアラビア語で読む訓練を子どものときからさせるが、現在まだ始めていない。日本人学校に通学しているので、日本語が第一言語であり、そのためインドネシア語もまだ十分ではなく、妻も日本語がほとんどできないので、アラビア語まで学ぶ余裕はないのだ。まずは日本人として生きるようにしている。

インドネシアでは、結婚すると子どもの国籍は父親の国籍にしたがう。そのため日本人男性の場合、結婚するとその子どもは自動的に日本国籍になってしまう。そのため大倉さんはまだ子どもを日本の戸籍には入れていない。あえて入籍しないで子どもと妻にまかせることにしている。一方、インドネシア国籍をもたない日本人男性は、滞在許可証や労働許可証を更新しなければならない。

インドネシアに根づく

大倉さんは、日本で生活することのほうがインドネシアで暮らすよりも窮屈ではないかと思うようになったと語る。インドネシアにいれば、自分の会社を設立し、自分のしたいことができるし、同世代の日本人にはとてもできないことができていると思う。女性も、ネットワークと資金、技術があれば起業できる。妻も複数の会社に役員として名前を連ねて、仕事を展開している。日本にいたらとても考えられない生活である。

インドネシアも住めば都である。「好きになったから住んでいられる」と語る。「たぶんこちらで一生を終えるかもしれない」と。

日本食がなくては生きられない――山川さん

山川さんは一九四六年、福島県会津若松市に生まれる。一九八四年、三八歳のとき、東ジャワ州スラバヤ市で進められているプロジェクトの電気工事検査技師として八カ月滞在したのがインドネシアにかかわる最初であった。インドネシアについてはまったく関心がなく、インドとインドネシアの違いさえわからないほどだった。

山川さんにとって初めてのインドネシアは衝撃的であった。英語がまったく通じないのである。高校を出たか出ないかの現場の人たちが英語を話せるわけがなかった。そのプロジェクトには二五〇人ほどの日本人がいたが、みんなインドネシア語らしき言葉を話していた。

結婚とインドネシア行き

山川さんは帰国した翌年の一九八五年、当時二六歳のジャワ人女性と結婚する。スラバヤのプロジェクトでは国際電話やテレックス担当だった女性で、滞在八カ月の間に親しくなっていた。

「私も三八歳になっていたので、近くにいた日本人が仲介役になってくれて、彼女の父親と交渉してもらい、結婚の承諾を得た」と語る。結婚式はスラバヤでジャワ方式で行った。招待者を含め一二〇〇人も来てしまった。一人に招待状を出すと必ず何人か連れてくるからである。それがこちらの結婚式の慣習でもある。

インドネシアに赴任する前、父親が冗談半分で「インドネシアがどんな国かしらんけども、良い娘がいたらみつけて帰ってこいや」と言ったことを覚えている。でも実際、インドネシア人と結婚すると報告したら、「返事しませんでした。良いも、悪いも」。

結婚式の後、妻のビザ申請もあって一カ月ジャカルタに滞在し、妻を日本に連れて帰る。そして日本で二人の生活が始まったが、妻が妊娠のつわりとホームシックに苦しんでいるときに、結婚を仲介してくれた友人から、インドネシアで会社のスーパーバイザーを探しているという話が舞い込んできた。妻は渡りに船で「インドネシアに仕事があるから、行こう、行こう」とせがんだ。山川さんは当時、原子力発電所の仕事にかかわり東奔西走中のときだったので逡巡したが、最終的にインドネシア行きを決断する。

家族と仕事とコミュニケーション

インドネシアに来てから山川さんは、妻や会社の従業員と話しているうちにだんだんとインドネシア語が身についていった。でも、文法を学習していないので、言葉の数が効果的に増えず、日常の話し言葉の語彙が限られてしまっている。そのため、会社での専門分野については問題ないが、挨拶文などを正確に書くことなどできない。

妻は独身時代に日本の商社に勤めていた経験があり、日本語を話すことはできないが、話していることは理解できる。友人が自宅に来たとき「うちのはわかるから、気をつけろよ」と言うことにしている。

現在（二〇〇四年）は中学三年生と高校三年生の男の子がいる。家族四人でいるときはインドネシア語で会話するが、子どもと山川さんは日本語で話す。子どもも言葉の切り替えには慣れていて、あっちを向いたら日本語、こっちを向いたらインドネシア語と、普通では考えられない光景が展開する。とくに上の子は日本語、英語、インドネシア語の切り替えを絶対間違えない。さっと切り替わる。

山川さんはインターナショナルスクールで少年野球を教えているが、シーズンの一一月から三月には、多国籍の少年たちが集まる。アメリカ、フランス、ドイツ、イギリス、フィリピン、インド、オーストラリアの少年たちで、とりあえず、英語と日本語とインドネシア語でコミュニケーションする。インドネシア人はその切り替えがうまい。ふだんからインドネシア語、ジャワ語、スンダ語など国内でも多言語の世界に生きているからだという。

土曜と日曜は家族でほとんど野球場にいる。妻も忙しくなければ一緒についてくる。昔は独身貴族でゴルフオンリーだったのに、いまはすっかりファミリーマンに変貌している。

多言語の世界

これまで非常にいい加減なインドネシア語を話していても、上司だから何も言われなかった。

しかし、結婚してからは、インドネシア従業員から、「結婚してインドネシア人の仲間になったのだから、これからはちゃんとしたインドネシア語を覚えたほうがいい。インドネシア語の表現で間違っていたら、いろいろ言わしてもらう」とアドバイスを受けた。

彼らは言葉遣いが間違っていると平気で、「違う」とか「おかしい」とか言い、笑ったりする。「どこがいけないんだ」と言うと、「言葉がほとんどひっくり返っている」と言うのである。「彼らはふだんジャワ語を話していて、私に対しては私のわかるインドネシア語の単語を使っていたことになる。ジャワ語とインドネシア語を巧みに操る彼らはものすごく不思議だった」と語る。

妻の実家に行くと、義父はジャワ語しか話さないことがわかった。義父と話をするには、山川さんが妻につたないインドネシア語で話し、それを妻が義父にジャワ語で話す。すると義父からジャワ語の答えが返ってきて、妻が山川さんにインドネシア語に通訳するという二段階の手続きをふむ。さらに、義父の親戚はマドゥラ人（ジャワ島沖南東にある島）なので言葉が違い、義父は親戚とマドゥラ語で話している。

このような多言語、多民族のインドネシアが統合することは歴史的に困難をきわめていることがわかる。山川さんは半分冗談で「会社をまとめるには、おれは天皇だ、大統領だと言って、独裁的にしないとまとまらない」と語った。

子どもと教育

二人の男の子には日本名をつけている。二人とも日本人学校を卒業した。日本人学校に入れたのは、インドネシアの学校よりも教育内容が充実しているのではないかと思ったからである。長男はすでにジャカルタにあるオーストラリア系のインターナショナルスクールに通っている。

子どもたちが日本人学校へ通っているときは、個人面談などは父親が出席していた。子どもたちが通学しやすいようにと、家も学校近くに構えたほどである。インドネシア人女性と結婚して、子どもたちを日本人学校に入れると、母親まかせにする日本人男性もいるが、山川さんはクラスの迷惑になるのではないかと感じている。何かあったらお手伝いしますよと先生たちに言っておけば、先生たちも安心するし、心くばりができる。野球のコーチもしているので、子ども同士連絡がつかなかったら、面倒をみるように心がけている。

インターナショナルスクールに進学した子どもたちは、落第があり卒業は保証されていないので、真剣にならなくてはならない。入学すると英語の特別クラスをとらされ、ある程度点数がとれないと本科の授業には入れてもらえない。また英語の点数がよくないと進級できないと厳しいものである。父親としては、一度日本の大学に行って日本語も勉強してほしいと思っている。

つきあいとしての宗教

山川さんはふだんお祈りはしていない。日本の正月の初詣のように、断食明けのイスラーム正月と犠牲祭の祝日の二回、モスクに行くだけだ。イスラーム正月の挨拶も、妻のつきあいですする程度である。それも両親の家など主だったところだけにしている。そのときは両親の住むスラバヤのグレシックという町に行く。

子どもたちの割礼は小学三年生と五年生のときに行った。近所の人や親しい人をよんで、こじんまりとしたスラマタンを催した。子どもたちにとっては、お小遣いがもらえるときなので、その日を楽しみにしている。とくに小さい子どもは何か買いたいものがあったのでその日が来るのを待ちわびていた。

小学四、五年生になると友だち同士で割礼の跡を見せ合って、自慢し合うこともあるようだ。まだ割礼をしていないと肩身がせまい。息子の友だちが「おじちゃん、うちのお父さんに割礼するように言ってくれる。ぼくすると言っても、お父さんがだめってさせてくれないの」と頼まれたこともあるほどである。

長男は、バンドンにある割礼専門の病院でしてもらった。次男は個人のドクターにしてもらった。いまでは生まれるとすぐに包皮の切除をしてしまうようになってきたようだ。

日本食がなくては生きられない

山川さんの食べ物に対する態度は明確である。「僕はインドネシア料理を食べない人ですから」と言う。インドネシア料理はきれいではないから食べないと。どうしても日本食がなく、食べるしかないときまでインドネシア料理は食べない。それもナシゴレン（焼き飯）とミーゴレン（焼きそば）、スープブントック（ビーフスープ）、アヤムゴレン（鶏の唐揚）だけ。食べなくてすむならそれも食べたくないという純粋日本食派である。

そんなわけで、妻は日本料理を作らなければならない。妻の日本料理作りには、知り合いの日本人女性が助けてくれた。彼女とは偶然、町の日本食堂で知り合った。「うちの女房の料理の数が少なくて、一週間に二回も同じおかずが出てくる。うちの女房に少し日本料理を教えて」と頼み込んだという。それから六カ月間、毎日、妻は日本料理勉強のために彼女のところに通うことになった。

いまでは家族全員日本食派で、日本食材店の常連となっている。妻は日本人女性ともつきあいがいい。語学ができなくても、うまくコミュニケーションをとる能力があるようだ。日本に行ったときも、となりのおばあさんと買い物に行ったり、自然体でさまざまな人と交流ができる。

インドネシアが好き、日本食も好き——熊山さん

熊山さんは一九五〇年、長崎県に生まれる。ジャカルタで輸出入の専門商社を経営し、インドネシア在住二〇年になる。インドネシアとのかかわりは、大学生のときにさかのぼる。大学二年生のとき、学生が主催する東南アジアの学生との交流プログラムに参加し、一五名ほどの学生と

ベトナム、マレーシア、インドネシア、台湾などをまわった。この海外での体験がインドネシアで働き、生活するきっかけをつくった。

インドネシア人女性との結婚

学生時代、大学のインドネシア語講師にインドネシアについて聞きにいったとき、その講師の親戚で、日本に留学している女の子がいるので、日本語を教えてほしいと頼まれた。熊山さんが二〇歳で、彼女も同い年であった。彼女はその後、日本の看護学校を卒業し、日本で就職した。そして、知り合って七年目、二人が二六歳のとき結婚する。日本とインドネシア双方で結婚式をあげた。

いまほど異文化結婚が行われていなかったこともあり、両親は初め反対であった。周囲も歓迎ムードではなかった。しかし、彼女を両親に紹介すると、華人の大家族のなかに生きてきた女性なのでお年寄りを大切にするところがあり、両親はとても気に入ってくれた。

インドネシアで暮らす

熊山さんは大学卒業後、旅行代理店に勤務していた。三二歳のとき、インドネシアから仕事の誘いがあり、妻に相談した結果、「やはりインドネシアで暮らしたい」ということで、覚悟を決めてインドネシアへ行くことになった。次男という気楽さもあった。

インドネシアに来て最初は、オートバイの販売を手がけた。その後、工具や小機械の輸入、木工製品やロタン（籐）製品の輸出を行う会社に移った。この会社は四〇年ほどの歴史をもつ日本の会社で、先代の社長が戦前から日本の商品を行商し立ち上げたものだった。戦後撤退していたが、その後、貿易が自由化したことから、再びインドネシアに戻り、ジャワ中部の山の名前をとった専門商社として復活した。現在、熊山さんがこの会社を引きついでいる。

言葉と教育

現在（二〇〇四年）、一七歳と一八歳の娘がいて、クリスチャンネームと日本名をもつ。インドネシアに戻ってから、しばらくして生まれた子どもたちである。家庭内の言葉はインドネシア語である。

妻は中学生のころ中華学校に通っていたので中国語の読み書きができる。いまの若いインドネシア系華人は、中国語を書くことはできないにしても、話すことはできる。そのため家族の会話には中国語も混じっている。

妻は日本に留学し、生活していたので、日本語ができるが、子どもたちはあまり日本語ができない。「行ってきます」「お帰りなさい」「さようなら」といった簡単な挨拶程度である。小さいときにもっと日本語で話しかけておけばよかったが、家にはお手伝いさんもいて、自然とインドネシア語が使われ、そのほうが子どもたちも反応するので、日本語をうまく教育できなかったという。

一八歳になった長女は、アメリカの大学を選んだ。熊山さんは子どもがインドネシアで自由奔放に育っているから、あえて日本の環境に送り込むことを躊躇した。日本に行ってストレスを感じてほしくなかった。アメリカだったらさまざまな人種と民族がまじり合い、切磋琢磨できるのではないかと考え、子どもを送り出したという。

日本食が食べられるならインドネシアへ行く

熊山さんがインドネシア行きを決断した条件は、日本食が食べられることである。「インドネシアに行こう。ただし、一つ条件がある。日本食を作ってくれ」と妻に頼んだ。そんなわけで、熊山さんは自宅にいるときはもっぱら日本食である。インドネシア料理は食べることは食べるが、毎日はとても食べられないという。

妻は日本にいるときから日本食を作っていたが、熊山さんが教えることはなく、新聞の切り抜きや料理の本などをみてやっていたようだという。子どもたちはやはりインドネシア料理になれている。長女は寿司が嫌いだけれども次女は好きで、日本食への嗜好はさまざまである。家庭ではインドネシア料理を食べるが、彼にだけ日本料理が出てくるという具合で、日本食は熊山さんだけのスペシャル料理である。

インドネシア人の宗教への融通性

妻は華人で、カトリックの信者である。子ども二人はすでに洗礼を受けている。妻と子どもたちは教会へ行くが、熊山さんはあまり宗教に関心がないようだ。また熊山さんは、インドネシア人の宗教観は原理主義的ではなく、便宜的で融通が利くものと捉えている。

彼の会社では、従業員は一日数回お祈りをするが、本当にお祈りしたくてしている人と休みたくて礼拝所にいる人がいるという。宗教に関して建前と本音があるように外部者にはみえてしまう。イスラームの政党ができても、圧倒的な支持を受けていないことは、ファナティックなイスラームがインドネシアでは定着しないことを示しているのではないかと熊山さんはみている。

ルール・対人関係・異民族

熊山さんは、インドネシア人についてつぎのように語る。

宗教だけではなく、仕事の上でもルールや原則を押し付けたり、厳格に守らせようとすることはかなり難しい。たとえば、日本人と同じように時間を守らせようと厳しくするとうまくいかず、一時間遅れるのを三〇分にするにはどうしたらいいか考えさせるほうが彼らの行動様式を変えさせるヒントになると語る。

日本人がインドネシアで、日本にいるときと同じようなスケジュールで仕事をしようとすると、たちまちさまざまな慣習の壁にぶち当たり、ジレンマに陥る。時間や約束の概念が少し違う。彼らは遅れると必ず言い分けをする。そしていつも「マチェト（渋滞）」と言う。でも、目と目が合うと、にこっと笑ってくれる。それでインドネシア人が好きになると。

そのことは筆者がトラジャの村で数カ月生活したときの体験でも言える。対人関係にほっとした寛ぎがある。隣の見知らぬ人との会話がスムーズに始まる。かわいい子どもがいたら、インドネシアの習慣で「かわいいね」と言ってほっぺを軽くつねったりする。日本だったら怒られるけれども、インドネシアでは自分の子どもがかわいいと認めてもらえることは嬉しいことなのである。

一方、仕事の面では、インドネシアは多民族社会なので、多くの異なった民族の人と取引をすることになる。民族によって特徴がある。熊山さんの場合、取引先はすべて華人であるという。扱う商品のこともあり、流通関係を握る華人オーナーを相手にしていることが肝心である。商売は信用関係で成り立つので、人を見る目を養う必要がある。「一目置かれるように、バカにされないように、この人を騙したら、たいへんことになる」と思わせるようにならないと生きていけないと語る。日本のような比較的同質な民族環境のなかでは経験しないことである。

和食レストランを経営する――村山さん

村山さんは一九五六年、石川県金沢市に生まれる。中学を卒業後、しばらく衣料関係の仕事に就いていたが、オイルショックで倒産。七〇年代なかば、二〇歳すぎに寿司職人として働きはじめる。初めて海外に出たのは一九八三年、二七歳のときで、行き先はシンガポールであった。一年ほど滞在し、帰国するが、寿司組合の副会長でもある彼の親方の勧めで、一九八五年、インドネシアに板前として派遣される。二九歳のときで、すでにそれなりの技術を身につけていた。

インドネシアの生活昨今

インドネシアに来たときは右も左もわからなかった。恥ずかしいことにインドネシアという国があることすら知らなかったという。身ぶり手ぶりで会話をし、床に穴の開いたタクシーに乗ったことを覚えている。数とお金のことだけは必死に覚えて、騙されないように交渉するなかで、慣れていくしかなかった。

当時はよく停電もあったし、田舎に行けばまだ白黒テレビ。しかし二〇年経ち、インドネシアも少しずつ豊かになってきた。田舎でもカラーテレビになった。

インドネシアに来て驚いたことは、どこに行ってもトイレットペーパーがないことであったという。普通の家に行ってないので、持って歩かなくてはならない。それは基本的に現在も同じであるが、きれいなショッピングモールならトイレットペーパーを備えてあり、衛生面は格段に向上した。

いまや日本食レストランも一〇〇店を超えるほどになった。高層ビルには必ずと言ってよいほど日本食レストランがある。ファーストフードのような弁当屋とかラーメン屋なども目につくようになってきた。

村山さんがインドネシアに来た当時は、まだ板前の人数も少なかったので、板前同士が集まる会があって、いろいろ情報を交換できた。毎週水曜日、スナヤンのゴルフ場に朝ゴルフの会もあった。いまでは多すぎて集めるのもたいへんになってしまい、まとまりがなくなっている。しかし、寿司をはじめとする日本食は健康食として世界的ブームとなり、インドネシアでも寿司のイメージが向上しているという。村山さんがシンガポールにいた当時は、一般の人は生の魚を食べる習慣がなく、寿司を食べなかった。

本格的和食レストランの開業

四三歳のとき、ジャカルタ市内の中心地区ジャランスディルマン通りのビル内に、六〇名ほどのスタッフを要する本格的な日本食レストランを開業した。インドネシアに来てから一四年経っていた。ジャカルタ和食界の成功者の一人となった。

従業員とは年一回、貸切バスで日帰りの慰安旅行に出かける。家族全員が参加なので、今年はバス五台になってしまったという。それを聞いて、筆者はかつて勤めた会社の大規模な社員旅行を思い出した。このような従業員とのつきあいやイベントは、日本の会社を感じさせる。

現地での結婚

インドネシアに来て約四年、三三歳のとき、友人の紹介もあって九歳年下のマナド人女性と結婚する。結婚前に日本に帰り、すでに両親は他界していたので兄や姉にその旨を報告した。当時はベトナム難民が日本に流れて来た時期で、海外を知らない兄は大反対した。村山さん自身もインドネシアを知らなかったのだから、兄がインドネシアのことをまったく知らなかったとしても仕方がない。それから結婚して一九年になる(二〇〇四年現在)。

家族と職場の言葉

職場が日本食レストランなので、従業員は、たとえば「ニンジン」といった日本の野菜名をちゃんと覚えてくれて助けられたという。

村山さんは、インドネシア語は初歩の本を借りて読んだり、結婚前のつきあっているときに覚えたりした。妻もかなり日本語がわかるようになったが、妻とはインドネシア語を、日本人学校に通っている小学六年生の娘と中学二年生の息子とは日本語で話す。

家族全体ではインドネシア語である。子どもたちのインドネシア語は村山さんより上手で、息子はインドネシア語の新聞を読めるほどである。放課後はインドネシア語の世界なので、インドネシア語を自然に身につけてしまう。母親と子どもの会話もインドネシア語である。

子どもと学校

異文化結婚の日本人が選択しなくてはならない難題の一つが、子どもたちを行かせる学校である。インドネシアの現地校にすると決めてしまえばいいが、日本人の子どもで日本国籍をもっている場合はとくに悩んでしまう。

村山さんは最初、子どもたちを現地校に入れようとしたが、「村山さんの子どもは日本のパスポートをもっている。それで日本語がしゃべれない、読めないというのは、将来子どもがかわいそうじゃないか」と言われたことがあったので、日本人学校を最終的に選択した。ジャカルタに滞在し、インドネシア人女性と結婚した日本人男性の多くは、子どもを日本人学校に行かせるケースが多い。しかしながら、日本人学校は企業派遣で来ている日本人の子弟が多いので、いわゆるハーフの子どもたちは疎外感を抱いていて、彼ら同士でつきあう傾向があるようだ。そのためか企業派遣の日本人家族との個人的交流もあまりない。

また、塾に行く生徒が多いので、学校帰りに一緒に遊ぶことは少ない。緊急連絡は父親に入るようにしてあるが、学校関係は母親が出ていくことが多い。でも、まだ日本語の壁があってコミュニケーションが十分とれているとはいえない。

さらに高校をどこにするのかという問題もある。とくに両親がインドネシアで生活を続けていく場合、インドネシアの高校、インドネシアのインターナショナルスクール、シンガポールやオーストラリアのインターナショナルスクール、シンガポールの日本人学校や日本の高校などのさまざまな選択肢がある。どれも経済的なネックがあるので家庭によって異なってくる。

宗教とつきあい

村山さんは結婚するまで仏教徒であったが、結婚と同時に妻の宗教であるプロテスタントに改宗した。インドネシアで結婚するとき、所属宗教を登録しなければならないからである。子どもたちはすでに洗礼を受けているが、村山さんは受けていないし、クリスチャンネームももっていない。にわか信者である。でも、日曜日の午前中ないし夕方、家族とマナド人が多く集まる教会に出かけている。

妻はプロテスタントであるが、さまざまな宗教の友人がいる。たとえばイスラームの友人がいれば、イスラームの正月には日本のお歳暮みたいにお菓子の包みを送ったりする。クリスマスのときには、イスラームの友人からお皿とかお菓子の盛りかごなどをもらったりする。日常レベルでの宗教を越えたつきあいがある。

食べ物

村山さんは仕事がら日本食を食べることが多いが、既成品を買って食べたりもするし、ときどき作ることもある。インドネシア料理も食べるが、辛いものはあまり好まない。インドネシア料理のなかでもブルクテール・ジャグン（とうもろこしのかき揚げ）とか、パダン料理のカリーアヤム（鶏のカレー煮）などが好きだ。

子どもは日本食もインドネシア食もどちらもよく食べる。インドネシア人は生の魚を食べる習慣がないし、生臭いというイメージをもってしまうのが通常であるが、妻は刺身が食べられるようになった。ウニとかトロなどの生の味を覚えたようだ。

村山さんはインドネシアに来て、果物のおいしさにカルチャーショックを受けた。しかし、インドネシアにいていまだに食べられない果物がドリアンである。日本人にも食べられない派と大好き派の二派に分かれているようだ。ドリアンは見た目の悪さ、微妙な味、特有な匂いがあり、独特なふん囲気をもった熱帯の不思議な果物である。インドネシア人で嫌いな人というのは聞いたことがない。

インドネシアでの生活とライフスタイルの変化

村山さんはインドネシアに来て、同世代の友人たちにくらべかなり贅沢な暮らしができていると思っている。インドネシアへの派遣契約のなかに車付という項目があった。こちらでは車がないと、とても不便で生活しにくいからである。車があればどこにでも行けて快適であるし、贅沢さも生まれてくる。

子どもができて、学校に行くようになり、また新しい店の立ち上げで忙しくなると、ゴルフ三昧とはいかなく、子どもや家族とのコミュニケーションが必要になってくる。日曜日が休みのときは、子どもたちとショッピングに出かけたり、ドライブに行ったりと、年齢とともにそれに合ったライフスタイルをとらざるを得なくなってくる。そこには安定した生活が確保できたという安堵感がうかがえる。

インドネシアに寿司を広める——森川さん

森川さんは一九五〇年、長野県北佐久郡蓼科に生まれる。高校を卒業して東京に出て寿司職人になる。一九八〇年、インドネシアで新聞関係の仕事をしていた叔父が寿司店を現地に開店したいとのことで、インドネシアに来ることになった。当時、ジャカルタには日本食レストランが六、七軒あるだけで、それ以来二四年、インドネシアに寿司を広めたパイオニアと自負するまでになった。

ジャカルタで寿司を握る

インドネシアに来るまで、インドネシアについて何も知らなかった。最初の一年は早く日本に帰りたいだけであった。しかし、次第にインドネシアの良さ、生活しやすさ、さらに寿司職人の仕事にやりがいを感じはじめた。日本で寿司職人をしていたときには会えないような商社の社長などとも会えて話せることがおもしろかったという。

一九八〇年当時、店に来る客は一〇〇パーセント日本人であったが、現在、三〇パーセントくらいで、そのほかは韓国人、インドネシア人、中国人などさまざまなお客が来る。日本人のための寿司が現地の人たちの間に浸透してきた。それは世界的な傾向でもある。

言葉

インドネシア語はジャカルタに来るまでまったく知らなかった。しかし、仕事をするうえで、インドネシア語でないとこちらの人を指導することができないと知り、三カ月集中して勉強した。およその日常会話は困らない程度になる。現在は、森川さんは妻や子どもとはふだんインドネシア語で会話する。

結婚と家族

一九八五年、同じ店で事務員をしていた一九六七年生まれのジャワ人女性と結婚する。叔父もこちらに住んでいるし、両親も支持してくれた。学校を卒業して自立したら、自分で決断してものごとを行いなさいと父親から言われていたので、インドネシアに来ることも、結婚するときも何も言わなかった。

妻の両親もジャカルタ生まれのジャワ人である。現在、妻は、寿司店の秘書役として仕事を一緒にしている。二人の間には一八歳の娘がいる。小・中学校は英語主体の私立学校に行き、現在はオーストラリアの高校に通っている。日本語やジャワ語はできない。

仕事と暴動

寿司店として独立したのは一九八八年であるが、その前年、一緒に組んだ中国人に騙され、すべてを失うという災難に遭う。親や友人からの借り入れもあり、途方に暮れた。その一番困っているとき助けてくれたのは叔父で、彼が所有している店を安く譲ってもらった。また築地市場の理事長に頭を下げて、魚をインドネシアに送ってもらうことができた。

このようなどん底を経験したので、その後のインドネシアの政変や通貨の変動にも驚かなくなったという。一九九八年の暴動のとき、多くの日本人は帰国したが、森川さんは日本人従業員を全員自宅に避難させ、食料も確保してとどまった。日本人は大丈夫だという独特の勘があったという。

日本食へのこだわり

森川さんは家庭でも日本食を食べる。妻も日本食は大好きで、刺身、味噌汁、秋刀魚、おしんこなどをよく食べる。森川さんは通常、職場で食事をしてしまう。彼のように、インドネシアに住んでいても、日本人男性のほとんどが日本食を食べている。八割がインドネシア料理という日本人男性はまずいないのではないかという。

家族は通常インドネシア料理を食べているが、森川さんは辛いインドネシア料理はほとんど食べない。海外旅行に出かけても、探しまわるのは日本食レストランであるという。森川さんは、言葉や宗教などは現地化しても問題はないのだが、「おもしろいですよね。食文化だけは本当に捨てられないんですよね」と答えている。

イスラーム的習慣

妻はイスラーム教徒である。森川さんも名目上のイスラーム教徒になっている。しかし宗教の問題は微妙なので、相手の宗教を尊重し、自分は自分と割り切っていかなくてはならない。イスラームについて、インドネシアの宗教について、深く突っ込みすぎると対立の原因になるからと心がけている。

妻はムスリムの慣習に従って断食を行っているが、森川さんはイスラーム形式のお祈りや断食は行ってはいない。しかし、ムスリムの家族の一員として、豚肉を食べないなどの基本的なマナーは守るようにしている。中国料理店に行くこともあるが、必ず豚肉はだめだと言って確かめてから注文する。

レジャー

土日、祝日は圧倒的にゴルフに出かけることが多い。それも夫婦一緒に出かけることにしている。妻も同じ趣味をもっていると、森川さんが友人たちとだけ出かけても、理解してもらえるという。

インドネシア人について

インドネシアには素朴さなど日本には失われたものがまだあるのがよいと森川さんは語る。従業員は日本人よりも不器用だし、物覚えも悪いが、どことなく可愛げがあって許してしまえるところがある。嘘もすぐわかってしまうようなもので、素朴なので扱いやすい。従業員の大多数はジャワ人で、仕事中はジルバブをつけず、比較的イスラームでも寛容である。

とくにインドネシア人をみていて目につくのが、両親を大切にするところである。それは良いことなのだが、インドネシア人女性と結婚した日本人男性が、妻の家族に頼られすぎてしまうことがある。金銭問題がからむことが多く、経済的に豊かな人から助けてもらうのは当たり前というような感覚があるので、その考え方の違いから夫婦間にズレが生ずることがあるという。

子どもたちを日本の大学へ――山田さん

山田さんは一九四七年、宮崎県に生まれる。地元の高校を出た一九六三年から四年間、中部電力の発電所で働く。しかし、まだ生き方のイメージが定まらなかったし、未知の世界に入ってみたいという野望があった。そこで一九六七年から二年間、映画とシナリオの学校で学んだ。青春時代に見た映画の世界を忘れられなかったからだ。でも学校で映画の技術を学ぶだけでは、人生の課題を追求できず、この道から撤退する。夢多き時代をすごす。

請われてインドネシアへ

一九七六年、二九歳のとき、インドネシアについてまったく知識はなかったが、紹介してくれた友人を信頼し、ジャカルタにある日本とインドネシアの合弁会社で働くことにする。知らないところに行ってみたいという野心と、手当てがよいという現実的な面が相まって、製鉄関係の工場設備の維持・管理の仕事に取り組んだ。

それ以来、二年ほどのペースで、一つのプロジェクトが一段落するころになると、別の会社から彼の優れた技術と経営力を請われて再就職するという状態が続いている。それまでの経験を生かすだけでなく、新たな知識と技術を独自に開発していったことが認められているのである。

現在（二〇〇七年）はジャカルタ産業団地プロガディンで、長崎に本社のある合弁会社の社長として、二〇〇〇年以来活動している。自動車の部品用に特殊なパイプを製作し、インドネシアのみならず日本やタイに輸出している。

結婚と子どもの国籍

一九八四年、北スマトラの首都メダンに滞在していたおり、一九六四年生まれの華人女性と結婚する。山田さんが三七歳、妻が二〇歳であった。彼女の両親は福建出身であるが、彼女は北スマトラのシアンタール生まれで、高校もそこを卒業した。

現在、三人の子どもがおり、全員日本の大学に進学している。一九九八年までは、子どもたちはインドネシア国籍をもち、地元のインドネシア小学校に通っていた。婚姻届を出してしまうとインドネシアでは子どもは父親の国籍に属してしまうので、あえて婚姻届は出さなかった。妻の財産相続の関係もあったし、そのままで問題がないからと考えていたからである。

しかし、一九九八年の暴動を契機に、インドネシアで徴兵制の論議が出てきたこともあり、子どもたちに日本の国籍を取得しておくことを決断した。日本人としてのアイデンティティをはっきりさせておきたかった。

子どもと学校

一九九八年当時、子どもたちは小学四、五、六年生になっていたが、全員日本人学校に転校することになった。そのとき日本語はほとんどできず、英語と算数は得意でも、社会や国語はまったくできず、特別に一人の先生がついてくれて日本語教室を開いてもらったほどである。

中学を卒業した後、子どもたちは全員、山田さんの両親が住む宮崎へ行ったが、はじめはなかなか帰国子女を受け入れてもらえなかった。しかし、宮崎日大高校が受け入れてくれ、寮生活も可能となった。それは子どもたちの成長にもプラスであったようだ。その後三人は日本大学国際関係学部にそろって進学した。

言葉と家族・食べ物

家庭内の言語は現在もインドネシア語である。小さいときから家族で話していたので、そのほうが自然だという。むしろ山田さんが日本語で話すのが不自然で、彼も切り替えができない。それでも宮崎弁で叱ると通じたという。

山田さんは自然とインドネシア語を覚えたというが、長くインドネシアにいる日本人は仕事の現場で言葉を覚えている。妻も一年ほど宮崎に家族といたことがあり、日本語も話すことができる。現在日本に住む子どもたちは、日本語はまったく問題がなく、読み、書き、話すことができる。また日本での就職をめざしている。

山田さんはふだん日本食を作ってもらうが、家庭では中国料理やインドネシア料理も作って食べる。妻も宮崎で山田さんの両親と暮らしたこともあるので、日本料理を教わっている。

山田さんの人生観

誰でも人生についての希望や現在の自己を正当化する物語をもっている。山田さんは、人生の戒めとして、一つの世界に取り込まれてしまうことの恐ろしさと心地よさを指摘する。日本人は現状に依存しがちなところがあるからだという。

電力会社に勤めていたとき、同僚はかわいい妻をもらい、五五歳の定年まで勤めるというライフサイクルを想定していた。公務員になった友人は趣味のために生きると言った。しかし、山田さんはこのような小さな世界だけでは終わりたくなかった。誰もやっていないことをしたい、ぬるま湯のなかにつかっていていいのかという危機感をもっていた。

そのため思い切って日本を離れることができたことについて、苦労したとか、悪い思い出はほとんどないと語る。

まとめ――インドネシア社会での思考・行動の変容と維持

以上、九名のインタビューをみてきたが、情報が一様でないことに気づかれたことであろう。それはインタビューする者とされるものの者の関心や意図の違いからくるものと思われる。まず最初にインタビューの目的を伝えるが、インタビューされるほうは、自己紹介の意味で、インドネシアまで、あるいはインドネシアで仕事の面でどのように生きてきたのかを主に語る。男にとって仕事はみずからのアイデンティティでもあるからだ。女性の場合、夫との出会いの話がよく出てくるのと対照的である。

彼らに語ってもらったのはインドネシアでの日常生活であり、波瀾万丈のドラマではない。しかし、その生活にも一つとして同じ物語はない。その多様性のなかに、日本で生活する日本人とは異なった面が生まれているといえる。また、日本人として意識的・無意識的に譲らないところが垣間見られるのも興味深い。異文化と接触し、みずからを変容させている部分とかたくなに自己を守ろうとする側面である。

まとめとして、日本人男性にみられるインドネシア社会での思考と行動の変容と維持のありようを二、三取り上げてみよう。

多くの日本人男性は仕事でインドネシアに来る以前、インドネシアを知る人、インドネシアに関心のある人はほとんどいなかった。それはインドネシアに嫁いできた日本人女性にもいえる。現在の日本人が東南アジアやインドネシアに対して関心が希薄であることを物語っている。それゆえ結婚してから、日本と異なる言葉や宗教、民族、教育のあり方、日本とインドネシアの相違などを自覚的に学び、考えるようになる。ここでは宗教と言語、食べ物について日本人男性がどのように対処したのかまとめてみよう。

インドネシアでは結婚するとき、所属宗教を明確にしなければならない。だが、たとえ結婚し、改宗したとしても、多くの日本人男性は名目的であり、ムスリムになったとしても礼拝や断食をする人は少ない。宗教に対する見方はすでに形成されており、異質の、たとえばイスラーム教を真に理解し、実践する人はほとんどいない。またインドネシア人のイスラームへの態度に対しても彼らなりの見方をもっており、ある距離感をもっている人が多い。しかし宗教は信仰であるばかりではなく、慣習でもあることをほとんどの日本人男性は気づいており、彼らなりに豚肉のタブーや断食明けの親戚や両親まわりの慣習に従っている。

インドネシアで仕事をし、生活していくためには、インドネシア語を話せることが不可欠である。日本に嫁いできたインドネシア人女性の多くが、日本語を話すようになっているように（第6、7章参照）、インドネシアにいる日本人男性も、職場や家庭で夫婦や子どもたちとインドネシア語でコミュニケーションをとっている。

言語面での適応については、生活のために致し方ないと考えている。子どもとの会話もほとんどの日本人男性はインドネシア語を用いている。子どもに日本語を維持させるには、かなり意識的な努力や日本人学校に通学させることが必要になってくる。

日本人男性がもっとも固執するものは食べ物である。毎日家族とインドネシア料理を食べているという人はいなかった。食べることはできるが、圧倒的に日本食を食べたいという。むしろそれしか食べないという人がほとんどである。

子どもの教育については、インドネシアで異文化結婚して生活している日本人女性の家族との相違がみられる。彼女たちの子どもは、現地校に通学するのが普通である。

しかし、日本人男性の子どもたちは日本国籍を保持していることが多いので、日本人学校に行かせる家族がいる。そのほか現地校、英語を主体に教える地元の私立学校、インターナショナルスクールなど選択肢が広い。とくに中学を終えて、高校段階になると、選択の幅がさらにオーストラリアや日本と広がり、大学になればアメリカなどとさらに広がる。

父親の経済的な支援も必要だが、子どもはインドネシアや日本に限られることなく生活の場を広げてほしいというトランスナショナルな思考をするようになっている。

それは日本を離れて生きることで、日本人男性のなかに日本やインドネシアを相対化してしまう視点が生まれてきていることを反映しているといえる。

5

北スマトラにおける残留日本人の異文化結婚
一世配偶者とその家族の事例から

はじめに――残留日本兵の戦後

日本人は明治以降、主に移民や戦争によって世界各地に拡散した。移民によって海外に出かけた日本人は、家族をともなったり、「写婚」（日本から送られてきた写真で配偶者を選ぶ）などによって同じ日本人と結婚する場合が多かった。しかしながら、現地での滞在が長期化するにつれて、また世代を経るにしたがって、異なった民族との結婚が増大する。

戦前における海外への日本人移民のなかで、例外的に異文化結婚をし、現地化したのはフィリピンのダバオに移住した日本人たちである。彼らはさまざまな理由で日本人配偶者を得られなかったために、現地のバゴボ族との結婚を積極的に推進した[1]。だが、第二次世界大戦はそのような異文化結婚家族を分裂と解体に導き、日本人の大規模かつ先駆的な異文化結婚は消滅することになった。しかし、彼ら家族は実際に消滅したのではなく、その子どもたちは日本において、自己の存在と確認のために就籍を求めて法廷に訴えていることはよく新聞で報道されている。

第二次世界大戦中の一九四二年、日本軍は南方戦線の拡大を図り、インドネシアにも多数の軍隊を進駐させた。とくにスマトラ地区はマレーシア、シンガポールなどから地理的に近いため、大量の日本軍およびその軍属が送り込まれた。アチェ、メダン、プマタン・シアンタール、ブキ・ティンギ、パレンバンなどのスマトラ諸都市は日本軍が侵攻し、駐留したところとしてよく知られている。

第二次世界大戦終了時、インドネシアには五万人ほどの巨大な日本軍が存在した。そのなかで多数の現地逃亡脱走兵が生まれた。その数は一〇〇〇人とも一五〇〇人とも言われる。彼らの多くはインドネシア独立のためにオランダ軍と戦った[2]。インドネシアのなかで残留日本兵が多かったのは北スマトラ地域で、そこだけでも七〇〇人が残り、四〇〇人が独立戦争で戦死したという[3]。残留者のデータを検討した後藤幹一は、インドネシア全体で約七八〇名の残留日本兵を確認している[4]。ジャワ・バリ（三三三人）とスマトラ（四二一人）で全体の九六・七パーセントを占め、とくにスマトラは多く、かつ独立戦争期の死亡者や行方不明者も多い。

残留日本兵は現在インドネシアで三人しか生存していない（二〇〇九年現在）。多くの残留日本兵がいた北スマトラのメダンには一人も生存していない。彼らの生活を知る人は一世の配偶者や二世の子どもたちだけである。メダンに住む日系人家族のうち、三〇家族で配偶者が生存し、複婚を含め、生存配偶者は現在、三二人である（死亡した女性配偶者は六人）。

二〇〇九年九月および二〇一〇年一月にメダンを訪問した際、筆者はそのうち一三人の一世配偶者とその家族に会うことができ、配偶者とその家族から戦後の混乱期を生きのびた残留日本兵とその結婚生活の一部を知ることができた。(5)

これまでインドネシアの残留日本兵というと、独立戦争とのかかわりに関心が向けられてきた。(6)筆者の関心は、戦後、インドネシアにとどまった彼らがどのようにして結婚し、異なった文化的環境のなかでどのような生活をしてきたのかにある。そこで以下、戦後の生活をみるという視点から彼らを「残留日本人」と表記し、その生活を一世配偶者やその家族の記憶から再現してみたい。

メダン地区の残留日本人

一九五八年一一月一日、厚生省（現・厚生労働省）が作成した『スマトラ地区未帰還者等名簿』には、一九四五年末から四六年にかけて現地除隊となっている日本兵と現地残留の一般邦人一八四人の氏名、所属、除隊の日時、場所、当時の状況などが掲載されている。これらの名簿は留守家族から未帰還者の届出があった者を調査したものである。そのうち現地復員は一六二人、未帰還者は一二人、不明者は一〇人である。現地健在者は二四人となっている。

現在のスマトラ・メダン地区の日系家族にかかわる統計を明らかにするにあたっては、前書の付録として付されている『スマトラ地区残留邦人連名簿』が参考になる。一九五三年から五八年にかけての調査によると、残留者は一五五人で、さまざまな仕事に就き現地健在である。そのうちの九八人は現地で結婚し、子どももがいる。少なくとも残留者の六三パーセント以上が結婚生活をしながら現地で生活を営んでいる。

後藤幹一によると、スマトラ地域だけみても、独立戦争時(一九四五年八月一七日から四九年一二月一七日)の戦病死者は一三〇人、独立後の死亡者(一九四九年一二月二八日〜一九八〇年一二月二〇日)七〇人、行方不明者一五〇人、一九八〇年の生存者七一人、総計四二一人が存在するとしている。(7)

二〇〇九年九月におけるインドネシアの日系人組織「福祉友の会」メダン支部の家族会員名簿によると、残留日本人(戦後日本に帰らなかった日本人、以下一世)の名前をもとにした家族数は一四六人である。一九五八年の調査とそれほど大きな開きはみられない。残留日本人のほとんどが海軍か陸軍に所属した兵士であるが、彼らとともに当地にやってきた軍属やそれ以前から現地に居住していた一般邦人も含まれる。

残留日本人配偶者とその属性

残留日本人の配偶者たちも年老いて、いまやメダン地区では三〇人余となっている。彼女らの証言こそ、夫たちが遠く離れた異国でどのように生活してきたのかを知る貴重な手がかりとなる。またメダンにおいて、彼女たちに対する長年の労苦に報いようとする動きが起こっている。

現福祉友の会メダン支部長ジャムハリル梅田氏は、二〇〇八年一〇月一八日、「ホテル・エメラルド・ガーデン」で開催されたメダン支部の新しい幹事任命式にあたり、彼女たちを招待し、感謝状を授与した。病気のため出席できなかった人もいたが、梅田、日吉、石原、山本、森田、矢野、吉岡、篠崎、内田、北川など一一人が出席した。この企画はたいへん喜ばれたようで、後日訪問した吉岡宅にはこの感謝状が額に入れて大事に飾られていた。

イスラーム圏でもあり、配偶者が複数いる家族がいくつかある。三〇家族のなかで、配偶者二人が九家族、四人が二家族、現在も配偶者が二人生存している家族が二家族ある。生存する一世配偶者の年齢構成は、四〇代一人、五〇代一人、六〇代六人、七〇代一五人、八〇代九人、全体で三二人、七〇代以上が過半数を占める。

一世配偶者の民族帰属はメダン地域の民族構成を反映して、多民族である。(8) ジャワ人一一人、華人八人、アチェ人三人、マインダイリン人三人、マレー人二人、シピロック人一人、バタック人一人、バンジャール人一人、ペタウィ人一人、日本人一人の計三二人である。当該地域では、農園で働くジャワ人移民が多いところなので、イスラーム教徒のジャワ人が配偶者の第一位を占めるのは理解できるが、バタック人が少ないこと、それに対して華人が多いことが特徴的である。キリスト教徒のバタック人と仏教徒の華人への宗教的な距離に違いがあるからなのだろうか。あるいは、イスラーム教徒の多い海岸地域に居住する人が多かったからかもしれない。残留日本人の多くは、現地でムスリム配偶者との結婚の際にイスラーム教に改宗している。

生存する一世配偶者の複婚者は第二夫人ないしそれ以降の夫人である。(9) そのため日系人家族の子どもの数の実態を調べる際、すでに死亡した第一夫人の子どもの数を参入しないと、家族メンバーの数を正確に把握できない。梅田氏が作成した日系人家族台帳から、三二人の生存配偶者の子どもは一六六人、孫は四五一人、ひ孫は一三〇人(さらに増大中)で、一人当たりの子どもの数は平均五・一人である。

死亡している複婚未亡人六人は四四人の二世、一一二人の三世、三七人の四世をもつ。三二人の男性が三八人の女性と結婚し、二一〇人の二世、五六三人の三世、一三七人の四世をもうけたことになる。女性配偶者全体で一人当たり五・五二人、一世男性は一人当たり六・六五人の多産家族を形成している。三二人の残留日本人が九一〇人の日本人子孫を生み出したことになる。約二八倍の増加である。

これらの数値から、メダン地区の一四六人の残留日本人子孫の数はその二〇倍としても二九二〇人、最大二八倍として四〇八八人となる。それゆえ現在のメダン地区の日系インドネシア人の人口は約四〇〇〇人と推定される。伊藤雅俊の推計によると約三二〇〇人である。(10)

残留日本人の属性――出身地、複婚、死亡年齢

現在のメダン地区日本人家族のルーツは、すでに述べた元日本兵＝残留日本人一世で、現在彼らのなかに生存者はいない。彼らの出身地は、北海道を除く、関東・東京が一〇人、九州六人、中部五人、東北三人、関西一人、四国一人、中国一人、不明二人となっており、全国から召集されたことがわかる。

結婚形態は、現在の配偶者生存家族において、男性単婚者（二〇人）が大多数を占めるが、複婚者も存在する。配偶者二人が八人、四人が四人であり、イスラーム地域における複婚形態の多さも指摘できる。残留日本人の死亡年齢をみると、三〇代から八〇代まで広がっている。三〇代一人、四〇代二人、五〇代四人、六〇代九人、七〇代八人、八〇代三人、不明二人で、六〇〜七〇代が死亡年齢としてはもっとも多い。彼らはメダンの英雄墓地（二一人）のほか、ジャカルタやスマトラ各地の英雄墓地（八人）、そのほかインドネシア各地の一般墓地に埋葬されている。(11)毎年九月の彼岸には、福祉友の会メダン支部と領事館が合同で慰霊祭を行っている。

取り残された妻——吉岡ミノルさんの家族

吉岡ミノルさんの妻アスナさんは一九二八年、メダン生まれのベタウィ人で、現在（二〇〇九年）、八一歳である。メダンの路地裏の小さな家に一人で住んでいる。訪問した日は天気がよかったからか、玄関脇にマットが干してあった。家の中はさまざまな写真や飾り物がかけられ、小綺麗にしている。日本語がかなり口から出てくるのは、子どもたちが日本に滞在していることと関係していると思われる。オランダの学校を出たので、オランダ語もできるというインテリでもある。

彼女が吉岡さんと出会ったのは、一九歳（一九四七年）のときで、吉岡さんは日系農園で運転手として働いていた。親しくなるきっかけは、友人の勧めで、病気で入院中の吉岡さんを見舞いに行ったことである。それ以来、吉岡さんが好きになったという。結婚後、二人の会話は日本語とインドネシア語のちゃんぽんであった。よく夫が日本料理を教えてくれたことを覚えているという。

だが、結婚生活はわずか二年であった。最初の子どもを妊娠中に、吉岡さんはすべてのものを残して四国に帰ってしまった。その後、日本で再婚し、亡くなったという。アスナさんは再婚もせず、一人の子どもを育ててきた。手先が器用だったので、自宅でお菓子を作って販売したり、ミシンを購入し洋裁をして生活を立てていた。いまでもお菓子づくりや縫い物は自分でしている。

幸いなことは、現在六三歳になる一人息子Mさんが、若いときに、残留日本人一世の子どもたちを支援する加藤牧師の主宰する東南アジア友好協会の招きで、日本に留学することができたことである。日本で船舶の専門学校で学ぶことができ、その後、久しく三井造船で働いた。

息子は日本人女性と結婚し、現在千葉県に在住し、三人の子どもをもうけている。長女は芸能関係の仕事に就き自活し、長男は両親とともに住み、次男は最近日本人女性と結婚し、四世も生まれた。日本から届いたひ孫の写真入りの誕生の知らせを見せてくれた。アスナさんの子どもたちはすでに日本を生活の拠点としている。

息子が留学生として日本に初めて行ったとき、マスコミの呼びかけで、幸い父親と会うことができた。だが父親から在留に必要な書類はとれなかった。しかしその後、日本人の妻と家庭をもったことで、息子は日本での滞在が可能になった。

アスナさんがいまも日本語を忘れないのは、子どもや孫が日本に滞在していること、これまで四回も日本に行ったことがあるからである。夫は妻子を置いて帰国することになったが、当時の夫婦の写真を飾ったり、息子の嫁の家で着物を着せてもらったり、日本との関係は子どもを通じてその後も長く続いている。

日本のことで関心があるのはという問いに、日本の食べ物をあげた。とくに海苔、すき焼き、味噌汁が大好きという。いまは敬虔なムスリムとしてメダンの町に一人ひっそりと生活している。

二〇〇六年にはメッカ巡礼を果たし、ハーッシーの称号もえた。

遠く離れて暮らす子どもや孫やひ孫を六〇年余の間支えてきたことに対して、福祉友の会からの感謝状が机の上に飾られていた。初対面であるのに人懐っこく語ってくれる雰囲気のなかに、一抹の寂しさと人恋しさを感じさせた。

マージャンや歌で仲間と遊ぶ――鈴木秀男さん

鈴木秀男さんは一九一六年、秋田県に生まれた。スマトラ戦線に軍属として従軍、一九九七年二月六日にメダンで亡くなった。妻のカティネムさんとは一九四六年、彼女が二〇歳のとき、彼女の両親が住むプマタン・シアンタールで出会った。当時鈴木さんは三井の石油関係の技術者で、各地をボーリングしていた。『スマトラ地区残留邦人連名簿』には、北スマトラ燃料工廠の雇員、メダン在住、現地結婚、子三人、水道局員とある。

一九二六年生まれで、八三歳になるカティネムさんは、ジャワ人であるが、親がジャワのどこから来たのかわからず、ジャワ語も話せず、ジャワに行ったこともない。当地に多い、ジャワ人移民（Jadel'Deli 地区の移住したジャワ人の意）の子孫である。

彼女は鈴木さんと結婚したのは相性がよかったからと述べていたが、その場にいた娘によれば、母は父が好きだったと教えてくれた。カティネムさんには六人の子どもがいるが、一番下の娘と息子が結婚して日本で就労している。子どもだけでなく、五五歳になる長女ダヒリアさんの息子と娘も就労者として日本で生活している。ちょうどダヒリアさんの娘と息子夫婦が断食の休暇で日本から孫を連れて帰ってきていて、家の中はとてもにぎやかであった。彼女が住む家のまわりに二軒の立派な家があるが、それも日本にいる子どもたちが建てた家である。彼女は子どもたち全員の世話を受けて生活しており、老後は安定した生活を送っている。

鈴木さんは生存中、家族の前で日本語を話さなかったという。「必要ない」と言っていたそうである。安全のために出身を知られたくなかったのではないかと娘は述べている。結婚したとき、彼はすでにインドネシア語が流暢であったので、コミュニケーションに問題はなかった。さらに結婚する前にムスリムになっていた。

一九六九年一一月、鈴木さんは仕事で一時、日本に帰国したことがあったが、妻や子どもがいたので、日本には戻りたくないと言っていたという。しかし、家には母を偲んで写真が掲げられていたし、帰国したとき親戚と撮った写真も飾られていた。

カティネムさんは、夫から教わった日本食を料理していたという。とくにいまも覚えている食べ物は、刺身、大根の煮付け、天ぷら、餅などである。ふだんはジャワ料理やパダン料理など何でも食べていたし、食についてとくに問題を感じなかったという。チャベなどの唐辛子からできた辛い香辛料も問題はなかった。

鈴木さんの楽しみは、日本酒は手に入らなかったけれど、ウイスキーのジョニーウォーカーをよく飲み、酔っ払って日本の歌を唄うことであった。また、ブンガワンソロという歌を日本人の仲間とよく唄っていたと、長女のダヒリアさんも口ずさんだ。

鈴木さんの最大の息抜きは、石嶺、石黒、山本など一緒に残留した日本人の仲間と将棋やマージャンをすることであった。ダヒリアさんは、父に頼まれて彼らを呼びにいく役目であったという。彼女はいまは使われていない父の形見のマージャン牌をいくつか持ち出し、私に見せてくれた。また自宅で多くの日本人が集まったときの記念写真も多数あった。望郷の念がないとはいえないなかで、同じ境遇におかれた仲間たちとの日々の交流は、何にもましての憩いであったに違いない。

大家族をつくる——中村常五郎さん

中村常五郎さんは一九二四年、東京に生まれた。近衛歩兵第三連隊の伍長としてスマトラへ進駐する。『スマトラ地区残留邦人連名簿』には、南タパヌリ州のパダン・シデンプアンで現地結婚、子ども三人、薬種商を営むと記載されている。

中村さんは一九五三年、南タパヌリ州でマンダイリン人のバヘラン・ルビスさん（一九三四年生、一九七〇年死去）と結婚したが、その後さらに三人の女性と結婚し、二〇〇六年、メダンで死去した。現在、第二夫人のロビア・ドウレイさんと第四夫人のロビア・ナスチオンさんが生存している。どちらの夫人もマンダイリン人で、彼自身マンダイリン人としての名称「バツバラ」とよばれて、残留日本人のなかでもっとも大きな家族を形成した。[12]

二〇〇九年九月にメダンを訪問した際には、生存している妻たちとは会えなかったので、第一夫人の息子イドリスさん（一九五五年生）と娘ミチさん（一九五九年生）から、亡くなった父と母について話を聞いた。

二人の話によれば、両親は南タパヌリ州のパダン・シデンプアンで出会い、一九五三年に結婚した。物静かであった母が父に恋をしたという。南タパヌリ州はバタック人の地域だが、キリスト教ではなく南部に隣接するミナンカバウ人のように熱心なイスラーム教徒の地域である。

結婚したとき中村さんはすでにイスラーム教徒であり、晩年の二〇〇四年にはメッカ巡礼に出かけ、ハーッシーになった。また結婚したとき、現地語である南タパヌリ語（マンダイリン語）を流暢に話した。家族とも南タパヌリ語を話した。しかし一九七〇年代以降、メダンに移住すると、家族内ではインドネシア語で話すようになった。二世たちの世代は南タパヌリ語ができるが、三世たちはインドネシア語しかできないという。移住によって移住先の言語の影響を受けることはよくあることである。

中村さんは戦後、マントリ（医療行為を行う民間の保健士）や道路工事などで生計を立てていた。彼はよく自転車で村々にでかけ、治療にあたった。二、三日帰らないときがあるほど忙しい生活であった。中村さんは元兵士であったため、医療に関する知識も資格もなかったが、独学で、あるいは仲間から情報をもらって医療の仕事に従事した。

マントリは残留日本兵が戦後スマトラで生き抜くための、もっとも重要な生活の糧であった。私が知り合いとなった乙戸昇氏や木村実氏も北スマトラで「ドクトル・ジャパン」とよばれ、治療にあたっていた。インタビューした娘と息子は、当時父と同じ仕事をしていた仲間の名前として、森下、寺岡、吉田、佐藤などの名前をあげた。

第一夫人であるバヘランさんには九人の子どもがいるが、二番目のイドリスさんは医師として、四番目のミチさんはデザイナーとして活躍し、立派な家に住んでいる。ミチさんの二人の子どものほか、五番目と七番目の息子は一緒に広島に、八番目の娘はアメリカに、九番目の息子は千葉で就労している。ちょうどイスラーム新年で九番目の息子が日本から戻っていた。

一般に残留日本人の父親は子どもたちに日本語を教えていない。ふだん家にいないし、忙しいからという。でも、父が日本の童謡を教えてくれたという。イドリスさんとミチさんは、「鳩ぽっぽ」や「おててつないで」を口ずさんでくれた。

中村さんはジョニーウォーカーをよく飲み、演歌が好きで、柳堀、児島さんらと集まっていた。またインドネシア風のチェスもたしなんだ。一人のときは、絵を描いていたという趣味人で、物静かな人物であったという。

バヘランさんが作るインドネシア料理は何でも食べたが、日本食が食べたいときは、包丁をもち、日本料理を作って家族に食べさせた。照り焼き、おでん、すき焼き、刺身、カレー、焼き鳥などを作る器用なところがあった。子どもたちは喜んで食べた。だが子どもたちは日本人が好きな餅は食べたことがなかったという。

大きな家族は、残留した日本人の生きがいの源泉でもあったかもしれない。子どもたちは誇りをもって父親の思い出を語ってくれた。

華人と結婚――金田年之さん

金田年之さんは一九一五年、愛知県北設楽郡で生まれる。一九五八年の厚生省による未帰還兵調査には、プマタン・シアンタールで現地結婚、子ども一人、製材業を営むと記録されている。彼はその後、メダンで華人女性ファリダ・グナワンさんと再婚する。ファリダさんは一九四二年、メダン南東の小都市トビン・ティンギで生まれた福建出身の華人である。彼女が金田さんと再婚したのは一九七四年で、三二歳のときであった。当時、子ども一人を抱えて困っていたのを、金田さんの友人石黒氏の紹介で結婚することになったという。

メダンの町の中心街にある華人地区の一角にあるファリダさんの家は、きれいに清掃された店舗形式の家で、ファリダさんは現在、そこに一人で住んでいる。近くに住む娘のユスナさん（一九七二年生）が一二歳の娘と八歳と五歳の息子を連れてやって来た。息子のフェンディさん（一九七六年生）は金田さんの実子であるが、一九九一年に就労のため訪日し、愛知県の小牧や安城など父の出身地に近いところで働いている。就労先を転々とした生活であるが、彼の仕送りがファリダさんの生活を支えている。

金田さんはメダンでも製材業を営んでいたが、晩年心臓病を患い、日系人組織の福祉友の会から支援を受けていた。一九八〇年、六五歳のとき二週間日本に帰ったことがあるが、一九九六年、八一歳で亡くなった。墓地はメダンにある。ファリダさんは慰霊祭には日本人とは行かず、別の日に一人出かけるという。華人と日本人の微妙な関係があるようだ。

結婚中、家族の間ではインドネシア語を話していたが、夫が亡くなった現在、子どもや孫たちとは福建語で話す。日本語はファリダさんも娘や孫もできないが、日本で就労中のフェンディさんは流暢な日本語を話す。

ファリダさんは日本食を料理できなかったが、金田さんは中国料理やインドネシア料理を何でもよく食べたという。友人と飲んで騒いだりすることなく、ときどき友人が訪ねてくるだけで、静かに日本語の本を読んで過ごすのが楽しみであったという。

一度も帰国しなかった――児島秀さん

児島秀さんは一九一五年、鹿児島県阿久根市に生まれる。一九五八年の厚生省調査には、プマタン・シアンタールに住み、現地結婚し、子ども四人、鉄工業を営むと記録されている。

妻のアイシャさんは一九三〇年生まれのアチェ人で、児島さんとは一九四五年、アチェのシゲーで初めて出会う。彼女の父が村長で、多くの帰還しない日本人がよく集まる場所であったからと述べている。

一九五三年、三八歳のころから、児島さんはインドネシア軍に所属し、各地を何カ月もかけて駐在し、ときどき帰ってくるという生活であった。当時のインドネシア軍の制服の写真でその勇士を確認できた。五五歳で年金生活に入り、その後、Japekという石油掘削会社で、弘田、高梨などと一緒に働いたが、一九七二年、五七歳で亡くなった。高血圧で体調がすぐれなかったという。アイシャさんは現在、遺族年金を受けている。

アイシャさんには六人の子どもがいる。また、第二夫人マリアナさんの娘オクシオノさん（一九七五生）は浜松に、第三夫人マルスナティさんの娘ヘリーナさん（一九八〇年生）は銚子に、第四夫人イスカンダールさんの娘は豊橋で就労し二歳の孫がいるということである。現在の就労の中心は三世であり、日本に家族で滞在し、四世が生まれるとインドネシアの親族に預けるのが一つの方法となっている。

アイシャさんは孫が二九人、ひ孫が三二人おり、大家族をなしている。三、四世の子どもたちには、ヒロキ、アユミ、マユミ、ケンジ、アイコ、ユキコなどの日本名がつけられていることもわかった。

児島さんは酒やビールが大好きで、お金があると飲んでしまったという。また北野、山本、照山といった友人のところに行ってよく飲み、食べることが好きだった。だからよく刺身などの日本食を調理し、家族に振る舞ったという。アチェの料理やそのほかのインドネシア料理を何でもよく食べた。

児島さんは仕事上、各地をまわっていたので、育児は妻にすべてまかせていた。そのため子どもたちに日本語を教える時間もなく、子どもたちが知っている日本語は「バカヤロー」とか、日本の歌を少し覚えている程度である。父親との思い出は、一緒に箸を使って食事をしたことくらいである。

軍人という仕事のために、一度も日本に帰ったことはなかった。あるとき、日本の親に電話をしていて、涙を流し続けていたことが印象的であったとアイシャさんは記憶している。

結婚一カ月前にはイスラーム教に入信した。断食やお祈りを家族と一緒に行ったり、自分でムスジット（イスラームの礼拝所）に行った。クルアーン（コーラン）の読み方は妻が教えたという。インドネシアに永住する決意がそのような改宗につながったのだろうか。

アイシャさんは、大通り沿いの家で小さなコーヒー店を経営している第五夫人イシダルアルマニさん一家と一緒に生活しているが、孫やひ孫が家の脇にある路地で遊んでおり、家の中からもにぎやかな笑い声が聞こえてきた。

メダン生まれの日本人――内田量三さんとその家族

内田量三さんは一九二六年、メダンで生まれた。インドネシア名をリジョドと名乗り、第二次世界大戦中は一等兵（兵補）としてキノモト部隊に所属していた。戦後は地元の有力紙『ワスパダ』の新聞記者として働いた。軍人ではなかったが、メダンに残留した日本人の梅田や石黒と同世代で親交が深かった。

内田さんがメダンにいるのは、父末吉さん（一八九五年、和歌山県生まれ）が第一次世界大戦に参戦した後、南方に旅立ちメダンに流れてきて、領事館で働いていたからである。父末吉さんはその後、第二次世界大戦が始まる前に家族をおいて日本に帰郷し、一九四一年に日本で亡くなった。

内田さんは八人兄弟の長男で、彼の弟はそれぞれ峰三、森三、康三と命名され、日本国籍を取得した。そのうち森三さんだけが父の故郷和歌山に帰郷し、日本人を妻とし生活をしている。それより下の四人にはインドネシア名がつけられ、兄たちのようにインドネシアで暮らすことになる。末吉さんの家族は全体として三世が二五人、四世が二〇人の大家族を形成している。

内田さんの第一夫人は尾崎キヨという日本人で、インドネシア名をスピナといい、二人の子どもをもうけている。第二夫人マリアティさん（一九三〇年生）は海軍軍人牧野ケンジの娘で、日本名を牧野秀子という。彼女は内田さんとの間に五人の子どもを生み育ててきた。一番下の娘スシ・アリナ・ジャヤさん（一九六七年生まれ）が母マリアティさんを連れて、メダンの福祉友の会の事務所を訪れてくれた。

スシさんは一九八八年、二一歳のとき、一カ月間の日本訪問プログラムに参加し、その後も日本語や日本文化への関心をもちつづけ、現在はスワダヤ大学で日本語の教員をしている。

内田さんは子どもたちに直接日本語を教えなかったが、日本の文化を教えた。たとえば「花咲爺さん」「浦島太郎」「桃太郎」などの日本の昔話をインドネシア語に直して子どもたちに話してくれたという。日本の歌や踊りや折り紙も教えてくれた。女の子には浴衣を着せてくれた。「支那の夜」とか「リンゴの歌」を口ずさんでいたのをスシさんは覚えている。

ほかの残留日本人のように、内田さんも日本食の作り方を妻に教えた。妻は豆腐、味噌汁、天ぷら、おでん、刺身などの作り方を学んだ。マリアティさんは、いまもおでんや味噌汁などの日本語を覚えている。内田さんはスパイシーな食べ物は好まなかったからのようだ。ときどき日本の友人から送られてきた梅干や海苔を食べたことも覚えているという。

内田さんは達者な日本文を書き、また自分が書いたインドネシア語の新聞記事や日本との交流プログラムの書類を二冊の本に製本している。一九七四年から埼玉県蕨市にあるスマトラわらび会と交流をもち、何度か日本を訪問している。日本とインドネシアの架け橋となって活躍したインテリ民間人である。それだけでなく、一般のインドネシア人のように敬虔なムスリムでもあった。一九六三年にはマリアティさんと一緒にメッカ巡礼を果たした。内田さんは一九八二年、メダンで死去した。まだ五六歳の若さであった。

家族に慕われたビジネスマン——古泉敏夫さん

古泉敏夫さんは一九二一年、横浜市に生まれた。スマトラに上陸した近衛歩兵第四連隊に所属していたが、その後野戦病院に移った衛生兵長である。残留の経緯はわからないが、独立戦争参加後、メダンに移り、日本の商社の現地駐在員となった。『スマトラ地区残留邦人連名簿』には、メダン市健在、現地結婚、鉱山会社勤務とある。

現在もメダンに生存している古泉さんの妻インダ・サリさんは、一九四五年、メダン生まれの華人である。地元のメソディスト英語高等学校を卒業後、英語力もあったので、ドイツ人所有の東京船舶会社で働いていた。そのころ商社で自転車やその部品、繊維品や陶器などの輸入業に携わっていた古泉さんと知り合った。

サリさんが結婚したのは一九七一年、彼女が二五歳、古泉さんが五〇歳のときである。結婚の話が出たとき、パダン出身の父親は日本軍にあまりよいイメージをもっていなかったので反対していたが、母は良い人だと承諾してくれたという。古泉さんにとっては再婚である。最初の妻は病死し、養子も他界するという不幸に見舞われたという経緯がある。

古泉さんはその後、新聞などを輸入する会社を立ち上げ、地元で成功した日本人の一人である。古泉さんの死後、その仕事は妻のサリさんに引き継がれている。

古泉さんはサリさんとの間に一男二女をもうけた。一九七一年生まれの長男はジャカルタの大学を卒業後、メダンで弁護士を開業している。長女は子どもが一人いるが、離婚して現在メダンに母と住み、彼女の仕事を手伝っている。次女は三年ほど日本のビジネススクールで学んだ後、インドネシアに戻り結婚して二人の子どもをもち、ジャカルタで生活している。

夫婦の会話は英語かインドネシア語であった。サリさんは中国語が話せないというが、子どもたちは学校の友人から福建語を学び話している。日本語がよくできるのは次女である。

古泉さんは一九九一年、心臓発作によって七〇歳で亡くなった。サリさんに夫の死について聴くと、涙ぐみながら話してくれた。ちょうど次女が東京に留学しているころで、動転しながら連絡したという。夫を心から心配している様子がうかがえた。

仏教徒のサリさんは毎朝、仏壇に水と線香をあげ、お祈りをする。線香は日本製を選んで使う。また毎年四月にはお寺に参拝し、お菓子や果物を捧げるという。遺骨は日本とメダン双方に分骨されている。

古泉さんは生前、年に四、五回日本に帰っている。親友の森田さんが、スマトラ出身者からなる戦友会を組織していたので、彼ら戦友と会うのが目的であった。メダンでも、森下、木村、乙戸、金山、照山など多くの友人に囲まれていた。彼らとは自宅でよく碁をして遊んでいたという。

そのため彼ら親友たちに夫の死去を知らせるのはことのほかつらかったとサリさんは語った。

週末は家族でよく日本食レストランに出かけた。そこで家族で喜んで日本食を食べたことは楽しい思い出となっている。自宅でも、家族は、味噌汁、イクラ、大根おろし、しらす、すき焼きなどの日本食に馴染んだ。

古泉さんは、日本の新しい歌も唄った。とくにサリさんが覚えている歌は「骨まで愛して」である。また本が好きで、読みながら寝てしまうのも癖であった。物静かで、あまり話すほうではなかったとサリさんは述べたが、傍にいた長女によれば、子どもたちにはよくふざける楽しい父であったともいう。

サリさんは六五歳とは思えないような、美しく、はつらつとした女性であったが、夫の死をいまも人生最大の悲しみと受け止めている様子が言葉の端々からうかがえた。

古泉さんは残留日本兵の相互扶助組織である福祉友の会の創立メンバーであったが、その組織と活動の中心人物であった乙戸昇さんにとって古泉さんは、戦後のスマトラでの生活や福祉友の会設立において、実質的かつ精神的支柱であったという(13)。

日本に就労する子どもたち——森田彦一さん

森田彦一さんは一九二一年、東京都に生まれる。スマトラでは飛行大隊の一等兵であった。一九五八年の厚生省調査において、ビンジェイ健在、現地結婚、子三人、運転手と記録されている。彼の家族は、現在もメダン近郊の小都市ビンジェイで生活している。

森田さんはアブドラ・ラーマンというイスラーム名をもち、アチェ州のセグリでアチェ人のシャリファさんと結婚し、彼女との間に四人の子どもをもうけた。しかしシャリファさんは一九六五年、三六歳のときに病死してしまい、その妹であるジャリアさん（一九四〇年生まれ、当時二五歳）が姉家族を引き受け、森田さんと再婚した。

姉シャリファさんの四人の子どもには孫が合計一六人いて、孫のうち三人は名古屋と小牧で就労している。妹ジャリアさんの子どもも四人、孫は一二人いて、全員名古屋、茨城、上田で就労している。二〇〇七年現在、子どもが八人、孫が二八人、さらにひ孫が加わり、大家族が形成されつつある。

森田さんは戦後、ずっと車の修理で生計を立てていた。宗教上イスラーム教徒になった。メッカに巡礼することはなかったが、日本に行くときも、敬虔なイスラーム教徒として帽子を離さず、その生活もきわめて質素なものであった。

一世の友人のなかには近くに住む人もいたが、彼の家を訪ねてくることはめったになかった。むしろ友人たちを訪ねることが多く、朝、家を出て、夜になって戻ることもあったという。

森田さんは生前、三度日本に帰国したことがある。二度は親族の招待で、三度目は心臓病の治療で行ったのだが、回復せずに東京で亡くなってしまった。一九七三年のことで、まだ五二歳であった。妻ジャリアさんは危篤の知らせを受けて一人東京に向かったが間に合わず、火葬され東京に埋葬されることになった。

森田さんは本を読むことが好きで、毎月ジャカルタから送られてきた福祉友の会の月報をよく読んでいた。仲間の情報や動向が書かれていたからである。

ジャリアさんの家の隣に、彼女の子どもたちが建てた家が二軒ほどあった。彼らの日本からの仕送りによると思われる。家族にとって、日本は貴重な雇用先であり、収入の源である。それによって母の生計も支えられている。

先妻の長男の娘ワンダさん（三四歳）は一〇年ほど前、三重県で二年ほど働いていたが、いまはジャリアさんの手助けをしている。私たちがジャリアさんの家を訪ねたとき、ワンダさんはおいしいインドネシア料理を振る舞ってくれた。母が異なっても、日本とインドネシアでの子どもの役割分担がみられることは、ほかの日系人家族にもみられることであった。

レストラン・ヨコハマを開業——青山久一さん

青山久一さんは一九一四年、石川県金沢市に生まれる。スマトラに侵攻したとき、陸軍憲兵軍曹であった。すでに妻もいたが、終戦後、現地に残留した。憲兵であったことから、身の安全のために現地で離隊、逃亡し、その後、独立戦争に参加することになった。当時、オランダ軍から彼の首には懸賞金五〇〇〇ギルダーが懸けられていたという(14)。一九五八年の厚生省調査によると、メダン在住、現地結婚子一人、自動車修理業とある。一九八五年、メダンにて死亡し、メダンの英雄墓地に埋葬されている。

青山さんは、一九六〇年、メダン生まれの華人テー・アグレックさん（当時二五歳）と結婚し、男一人、女七人をもうける。厚生省の調査時にすでに結婚していたとなると、アグレックさんとの結婚は再婚か、複婚になる。

二人が知り合うきっかけは、アグレックさんの父が日本人相手に野菜の行商をしていて、青山さんに娘をもらってほしいと依頼したことによるという。当時、青山さんは多くの華人の友人がいたので信用されていたのだろうといわれている。それでも娘に青山さんを紹介する前に、彼が日本人だとは言わなかったそうである。

アグレックさんと娘たちは福建語で話をし、青山さんも福建語を理解していたようだったが、夫婦や家庭内では通常インドネシア語を使っていたという。同じ仏教徒なので、食物などにとくに問題はなかった。通常はアグレックさんが作った中国料理やインドネシア料理をみんなで食べたが、味噌汁、カレー、天ぷらなどの日本食も青山さんから教えてもらって料理するようになった。毎年五月に、父親がチマキを作ってくれたのを子どもたちは覚えているという。

スハルト政権崩壊後、民主化が進み、非プリブミ（生粋のインドネシア人以外の民族、華人やそのほかの外国人）に対する差別やビザ更新手数料などはなくなり、生活はしやすくなったという。

華人人口もメダンでは一〇パーセントを超え、華人にとってはすごしやすい町のようだ。メダンに残留した日本人のなかには、青山さん以外にも華人と結婚した人は多い。

残留日本人はさまざまな民族の女性と結婚しても、子どもに日本名をつけることが多い。青山さんの子どもにもみな日本名がつけられている。年齢順に、トシコ、アケミ、ハルミ、ルキコ（ノリコ）、ヨシカズ、スミコ、ミチコ、スズコである。ハルミさんは八歳のとき、叔母のいる金沢に行き、結婚して二人の子どもがいる。ルキコさんとスズコさんは日本人と結婚して、東京と宇部に在住している。ヨシカズさんは華人と結婚したが、浜松に住み、日本語も流暢である。スミコさんとミチコさんは華人と結婚し、メダンないしその近郊に住み、母親の面倒をみている。このインタビューも二人がアグレックさんを連れて、福祉友の会の事務所に来てくれて可能になった。このように残留日本人家族のなかでも青山家は、日本人と結婚している割合の多い家族である。

青山さんは鉄工職人として生きてきたが、一九七〇年、メダン市内で日本食レストラン・ヨコハマを開業する。彼の叔母が横浜に住んでいたので、それにちなんで命名されたが、小柄で、如才ない長女トシコさんが店を盛り立てていたので、レストランはトシコともよばれていた。

青山さんが亡くなったとき、スミコさんは二〇歳であったが、父のしつけは厳しく、日本食レストランでもあるので、子どもたちは日本語を学ばせられたという。そして、青山さんの死後八年ほどスミコさんは姉トシコさんらと一緒に店の営業を続けていた。

筆者もかってメダンを訪問した際にヨコハマを利用したことがあり、日本食の懐かしさとおいしさ、背の高い青山氏をよく記憶している。ヨコハマは、メダン残留の日本人にとって、唯一と言ってよいほどおいしい日本食と憩いの場を提供してくれる店であった。

子どもを通じて日本とのつながりが続く——馬場一さん

馬場一さんは一九一八年、東京に生まれる。スマトラに派遣され、日本軍が占拠したメダン北方のパンガラススとパンガラブラデンの製油地にある北スマトラ燃料工廠で軍曹として駐留した。馬場さんは北スマトラ燃料工廠にいるときに、バンジャール人女性のイヌム・ルリアさんと知り合い、一九四五年に結婚した。馬場さんが二七歳、ルリアさんが一七歳のときである。一九五八年の厚生省調査では、メダン健在、現地結婚、子六人と記録されている。

一九四六年から四七年にかけ、オランダ連合軍がメダン地区に進攻してきたので、石峰、弘田ら友人たちとアチェに逃走し、ゲリラ戦に参戦した。その功績を認められて、戦後、軍人恩給が給付されるようになった。

一九五八年から一九八〇年にかけ、商社のメダン支部長を務めた。韓国に行ったり、日本に出張したこともある有能な商社マンとして活躍した。多くの残留日本人が日系企業に雇用された時期である。

出会った当時、二人はインドネシア語と日本語を混ぜて話をしていた。また結婚するにあたり、夫がムスリムにならなくてはならないので、兄のジャワ人の友人の養子になってもらい、ウマールというムスリム名をもらった。ルリアさんは礼拝の仕方やクルアーンの読み方を教えた。ルリアさんは一九六八年、四一歳のとき友人とメッカに行き、ハーッシーとなったが、馬場さんは一緒には行かなかった。体調がよくなかった時期でもあったからのようだ。

ルリアさんと馬場さんとの間には九人の子どもがいる。三世は二一人、四世は現在五人という大家族を形成中である。九人の子どものうち、六人が現在、日本で就労している。四世はほとんど日本生まれとなっている。メダンでルリアさんの面倒をみているエリコさんには四人の子どもがおり、一人は千葉で働き、二人は北スマトラ大学を卒業している。その一人ファツマさんは、兄のように日本に行きたいので、留学生試験をめざして日本語の勉強をしている。彼の部屋に案内してもらうと、日本語学習の本がたくさんあった。日本への強い思いが感じられた。

夫との生活の思い出は食べ物だとルリアさんは言う。正月には日本の友人が送ってくれた餅を焼き、醬油をつけて食べたこと、アンコがおいしかったこと、刺身も生姜や酢、醬油をつけて食べられるようになったこと、日本食材の店で日本食の材料を買い求めたことなどである。

馬場さんは物静かな性格で、酒を飲まず、生真面目な男であったが、イスラーム正月のハリラヤには、乙戸、中村、山梨、石黒、石峰、広田などの友人が多数、訪れてくれたという。

馬場さん宅を訪れたとき、足腰が弱くなっていたルリアさんは、歩行器を利用して居間に出てきた。敬虔なムスリムとして白いショールをつけて、挨拶をした。八一歳とは思えぬほど、はっきりとした話し方をしていた。多くの子どもたちにかこまれている安心感が漂っていた。

馬場さんは脳卒中で長らく療養していたが、一九八一年、六三歳の生涯を閉じ、メダンの英雄墓地に眠る。

一九六八年、脳卒中で倒れる前に撮った家族の集合写真を見ると、馬場さんは背の高い紳士であることがうかがえる。福祉友の会の創立者の一人でもある馬場さんには、病気療養中、毎月見舞金が友人の山梨から届けられていた。馬場さんの子息であるハスニ・タウフィックさんは、福祉友の会の月報に、毎月の見舞金の送付や、亡くなったときに友人の山梨や石峰が英雄墓地への埋葬に奔走してくれたことに感謝する投稿をしている。

インドネシアの独立のために戦った父たちの世代への尊敬と彼らがその後も互いに助け合いながら生きている姿に感動した様子を記している[15]。

孫が大学教師になる——北岡末雄さん

北岡末雄さんは一九一八年、熊本に生まれる。スマトラ駐留中は陸軍軍曹として活動していた。日本の敗戦を知ってから、戦友に誘われて離隊、逃亡の道を選んだのだという[16]。一九五八年の厚生省調査によると、メダン健在、現地結婚子二人、鉄工業とある。

北岡さんは一九四八年、一九二七年生まれのジャワ人女性トキジャさんとメダンで再婚する。北岡さん三〇歳、トキジャさん二一歳のときである。北岡さんは先妻の子をともなっての結婚である。彼はすでにムスリムとなっており、ハッサンを正式に名乗っていた。

北岡さんの先妻の息子はノリといい、一九四五年生まれである。ノリさんは地元の高校を卒業し、民間企業や領事館に勤め、五人の子どもがいる。ノリさんの妻は死去したが、長女のフミコさん（一九七三年生）や子どもたちが同居している。フミコさんの弟のファイザルさん（一九七六年生）が名古屋で働いている。

フミコさんは現在、北スマトラ大学の日本語教師である。一九九一年には福祉友の会から、二〇〇五年には北スマトラ大学から日本に派遣され、日本語の勉強をしたことがある。妹のヨシさんとユリコさんも地元の大学を出ている。日系インドネシア人のなかでは高学歴であるが、日系三世のなかにはほかにも大学の教師が生まれている。

トキジャさんの実子はウィリーさん（一九五三年生）で、地元の高校を出て、民間企業に勤めている。現在、トキジャさんはウィリーさんの三人の子どもたちと同居している。ノリさんとウィリーさんは異母兄弟ではあるが、隣り合って一つの家族のように生活している。

北岡さんは日常生活、たとえば言葉や食べ物、宗教の上でうまくインドネシアに同化してきたという。ほかの残留日本人のように、子どもたちに日本語は教えなかったし、日本料理も家族には教えなかった。

とはいえ北岡さんにとって、日本の正月の風習は忘れられなかったようだ。正月が近づくと、日本の商社を通じて、味の素、海苔、餅、羊羹、ごぼう、昆布、梅干、鰹節などを購入していた。家族も一緒に喜んで食べたことを覚えている。おにぎりなどもよく食べた。味噌汁は簡単だったので、トキジャさんはいまも作れるという。

北岡さんは社交的で、平野や鈴木など天理教の友人たちとよく集まって、おしゃべりをしていたという。だが、亡くなるまでの二〇年間、脳溢血の後遺症で、身体が不自由であった。トビン・ティンギに住む同じ残留日本人の木村やほかの日本人の友人からもさまざまな治療を受けていた。そういうこともあってか、健康の回復のため、毎日イスラームのお祈りのほか、信仰している天理教式の祝詞をあげていたという。

ウィリーさんは電気工をしているが、福祉友の会メダン事務所で働くアキヒラ照山さんと一緒に上田や名古屋で就労したことがある。ウィリーさんの妻マイムナさん（一九五七年生）は学校の教師をしている。彼はウィリー・ハッサンと称しているが、三人の子どもたちには例外もあるが、シゲミ・キタオカ、サユリ・キタオカ、レファンディ・キタオカというように、日本名とキタオカ姓を継承させている。

北岡さんの二人の子ども、ノリさんとウィリーさんは高校を出、民間企業で働いていたこともあり、彼らの子どもたちを日本で就労させることはなかった。子どもたちのなかにはフミコさんのように大学を卒業し、大学の日本語教師をするものもいる。またウィリーさんには日本での就労経験があることや、子どもたちに日本名をつけたりすることで、ハッサン一家は日本とのつながりや日本への近親感をもちつづけている。

北岡さんは晩年の長期の療養生活のため、生前一度も祖国の土を踏むこともなく、一九九三年、メダンで死去、メダンの一般市民墓地に埋葬されている。七五歳であった。

おわりに

第二次世界大戦後のインドネシアにおける残留日本人の貢献は、これまでインドネシア独立戦争への参戦にあるとみなされてきた。しかし、生きのびた日本人は多くの子どもをもうけ、育て、今日の日系人社会の基礎をつくり上げてきた。日本にとっては、日系人就労者の供給源となっている。

戦争という個々人ではどうすることもできない運命のなかで、残留日本人はどのようにして生きのびてきたのか。とくに生まれ育った地域と異質の自然と文化に拉致されたような状況のなかで、彼らはおかれた立場を適切かつ迅速にとらえ、行動してきたに違いない。そこには若さもあり、恋もしたことだろう。残留し、結婚した彼らは、インドネシア社会へ積極的な適応の努力を続けてきた。

彼らは結婚するときにはインドネシア語が堪能だったという。また食べ物は何でも食べた。残留日本人の一人である故乙戸昇氏は、スマトラに残留した理由の一つとして、日本よりも豊かな食べ物があったからと述べている。

宗教に対しても、生活していくために躊躇せずにイスラーム教に改宗している。なかには敬虔なムスリムになって、インドネシア人と同じようにメッカ巡礼に出かけ、ハーッシーになっている。ほとんどの残留日本人は子どもたちに日本語を教える余裕や考えはなかったが、歌や遊びのなかで日本文化を伝えようとした。

彼らにとって唯一の楽しみは、日本人の仲間と会い、酒を飲み、日本の歌を唄うことであった。また正月には特別の料理を用意した。望郷の念を振り払っていたのではないかと想像してしまう。

一世の時代は終わった。今回、一世配偶者やその子どもたちをみながら、彼らの間に、日本的なものがどのように受け継がれているのか、その後の生活にどのような影響を与えているのか考えることができた。内田さんの娘は日本語の教師になった。十分に教育を受けることができなかったフェンディさんは日本での就労によって、母を支えることができた。

現在、日本への就労者は三世が中心となっているが、就労による仕送りはインドネシアに残る両親や彼らの家族の生計にも不可欠になっている。メダンに残された就労者の子育てや財産管理の役割分担もみてとれる。二世は必ずしも日本名をもっているとは限らないが、三世には就労との関係であえて日本名を維持している家族もいる。

第二次世界大戦を契機に、期せずして世代を越えて日本とインドネシアのつながりが生じ、それが継続している。メダンには三〇〇〇から四〇〇〇人の日系インドネシア人が在住し、日本各地には約五〇〇人の日系インドネシア人が就労している。[17] ブラジルや南米からの日系人の総数にくらべて数は少なく、その存在はまだ日本人には十分知られていないようだが、ジャパニーズ・ディアスポラの紛れもない一形態なのである。

そして、日本人にとって、外国人労働者の受け入れの問題は総論賛成でも、実際彼らとどのように共生していくかについて、多くの課題を残している。共生そのものに関心をもつ人も少ない。日系人とのかかわり方について、日本人は新たなる課題を与えられているのではないだろうか。

註

(1) 大野俊「異民族結婚した移民一世とメスティーソ二世―フィリピン日系人問題の起源を考察する―」足立伸子編著(吉田正紀・伊藤雅俊訳)『ジャパニーズ・ディアスポラ―埋もれた過去・闘争の現在・不確かな未来―』新泉社、二〇〇八年、「「ダバオ」国の日本帝国編入と邦人移民社会の変容」蘭信三編著『日本帝国をめぐる人口移動の国際社会学』不二出版、二〇〇八年

(2) 青沼陽一郎『帰還せず―残留日本兵六十年の証言―』新潮社、二〇〇六年

(3) 産経新聞社戦後史開封取材班「未帰還兵」『戦後史開封』産経新聞社、一九九五年

(4) 後藤幹一「元日本兵クンプル乙戸と戦後インドネシア」『アジア太平洋討究』四、早稲田大学アジア太平洋研究センター、二〇〇二年

(5) インタビューは彼女たちの自宅ないし、メダンにあるインドネシアの日系人組織「福祉友の会」の

事務所で行われた。質問は筆者が直接インドネシア語で行ったが、福祉友の会事務所のテルヤマ・アキヒラ氏に同席していただき、適切な助言をいただいた。なお、残留日本人およびその家族の名前を実名表記したが、オーラルヒストリーとして彼らの生活と歴史を記録するためである。

（6）秋野晃司「日系インドネシア人の軌跡—Life History に関する調査報告—」『社会科学ジャーナル』二六（二）、国際基督教大学、一九八八年／上坂冬子『南の祖国に生きて—インドネシア残留日本兵とその子供たち—』文藝春秋、一九九七年／加藤均『帰還しなかった日本兵—インドネシア残留元日本兵の手記を読む—』文理閣、二〇〇六年／長洋弘『帰らなかった日本兵』朝日出版社、一九九四年／伊藤雅俊「インドネシアディアスポラ—世界に拡散するインドネシア人—」『大学院論集』一七、日本大学大学院国際関係研究科、二〇〇七年、「日系インドネシア人の現在と不確かな未来—東海地方の事例から—」『大学院論集』一八、二〇〇八年、「北スマトラ地域に暮らす日系インドネシア人—福祉友の会メダン支部の活動と日系二世のアイデンティティの表出—」『大学院論集』一九、二〇〇九年／坂井隆「日系インドネシア人の就労と日系人社会の形成—長野県上田地方スマトラ北部出身者の事例から—」奥島美夏編著『日本のインドネシア人社会　国際移動と共生の課題』明石書店、二〇〇九年

（7）後藤幹一「元日本兵クンプル乙戸と戦後インドネシア」『アジア太平洋討究』四、早稲田大学アジア太平洋研究センター、二〇〇二年

（8）Pelly, Usman, "Urban Migration and Adaptation in Indonesia", a Study of Minangkabau and Mandailing Batak Migrants in Medan, North Sumatra, Ph. D. Dissertation. University of Illinois at Urbana-Champaign, 1983

（9）福祉友の会二〇〇七—〇八年の記録による。

（10）伊藤雅俊「北スマトラ地域に暮らす日系インドネシア人—福祉友の会メダン支部の活動と日系二世

のアイデンティティの表出―」『大学院論集』一九、日本大学大学院国際関係研究科、二〇〇九年

(11) メダン地区に残留した日本人が埋葬されている場所と人数は、メダン五六人、ジャカルタ一三人、アチェ四人、南部タパヌリ四人、リアウ三人、パダン二人、ボゴール二人、パレンバン一人、カロ一人、日本一人、不明一三人で、スマトラ地区で生涯を終えた人が多い。宗教帰属をみると、イスラーム六四人、仏教一三人、カトリック三人、キリスト教三人である。

(12) 第一夫人との間に子ども九人、孫二三人、ひ孫三人、第二夫人との間に子ども五人、第三夫人との間に子ども二人、第四夫人との間に子ども二人、合計四四人の子孫を形成している(二〇〇九年現在)。

(13) 福祉友の会「インドネシア独立戦争に参加した『帰らなかった日本兵』、一千名の声―福祉友の会二〇〇号『月報』抜粋集―」二〇〇五年

(14) 長洋弘『インドネシア残留日本兵を訪ねて』社会評論社、二〇〇七年

(15) 福祉友の会「インドネシア独立戦争に参加した『帰らなかった日本兵』、一千名の声―福祉友の会二〇〇号『月報』抜粋集―」二〇〇五年

(16) 長洋弘『インドネシア残留日本兵を訪ねて』社会評論社、二〇〇七年

(17) 伊藤雅俊「日系インドネシア人の現在と不確かな未来―東海地方の事例から―」『大学院論集』一八、日本大学大学院国際関係研究科、二〇〇八年

付記

メダンにおける残留日本人に関する調査(二〇〇九、二〇一〇年)は、科学研究費補助金「東アジアにみるインドネシア・ベトナム女性移民の急増と家事介護労働者―花嫁間の推移」(二〇〇八―一〇年、研究代表者神田外国語大学奥島美夏講師)のプロジェクトの一環として実施された。本章はその経過報告を

帯びたものである。

本調査の実施にあたり、研究代表者の奥島美夏講師のご配慮に感謝するとともに、福祉友の会メダン支部長のジャムハリル梅田氏、アリアンデ衛藤氏、照山アキヒラ氏に感謝したい。インタビューに協力していただいた日系インドネシア人のみなさんにも感謝したい。また調査に協力してくれた日本大学大学院国際関係研究科博士後期課程の伊藤雅俊氏にも感謝する。

III 日本／インドネシア人女性

6

日本に嫁いだインドネシア人女性

日本での生活と異文化交流

はじめに

モノや人、情報が国境を越えて移動する現代、旅行や留学、結婚、企業活動などを通じて、異なる文化と人間が交流する機会がますます増大している。とりわけ異なった文化を背負う男女が生活を営む異文化結婚は、日本においても男女ともに年々増大し、その配偶者の国籍もアジアを中心に世界中に拡大している(1)。

本章では、異文化結婚を、もっともダイナミックに文化が出会い、異なった文化が調整される場と捉え、その実相を考察する。異文化結婚を異質な、問題点の多い結婚形態としてみるのではなく、むしろ異なった文化が互いに交流する実践の場とみる。さらに異文化との接触の最前線において、個人レベルで模索・実践している異文化結婚の家族の生き方から、新しい文化の理解と調整のあり方を学ぶことができるのではないかという視点に立つ。

筆者はこれまで、このような視点から、インドネシア在住の日本人女性（本書第1章）、三島市に居住するフィリピン女性[2]を対象に、異文化結婚家族における異文化交流のあり方を研究してきた。異文化結婚家族の体験や生の声は、国内では学術研究者よりも、むしろ異文化結婚体験者のノンフィクションによって知られることのほうが多い。それも日本人女性の手になるものが多い[3]。東南アジアに関しても、日本人女性による異文化結婚体験記が出版されるようになり[4]、男性によるタイでの結婚生活誌も出版されるようになった[5]。しかしながら、日本人と結婚した女性あるいは男性が単独で、日本人との結婚体験記を書いたものはわずかしかない[6]。日本で刊行されたものでは、バングラデシュ人、インド人と結婚したカップル双方の意見をのせた『アジアン・パートナー[7]』があるにすぎない。筆者は本章において異文化結婚家族、とくに日本に嫁いできたインドネシア人女性の生の声をなるべく反映させた異文化交流に関する研究を試みたい。

在日インドネシア人の異文化結婚

本章は、インドネシア人の異文化結婚についての量的研究ではなく、質的な研究であり、前章

表5　在日インドネシア人女性とその家族

氏名	年齢	民族	宗教	在住期間
加藤デウィ	54	華人	仏教	21年
山野ジョアンニ	35	アチェ	イスラーム	6年
高田ニナ	50	バンジャール	イスラーム	26年
小山エダ	34	バリ	ヒンズー	10年
森山ダリア	40	ジャワ	イスラーム	10年
(山野) マリア	31	マナド	プロテスタント	6年
山田アルジュナ	41	ジャワ	イスラーム	12年
根本ティティ	37	バリ	カトリック	12年
小川アリニ	31	ジャワ	カトリック	4年
高山ユリア	32	ミナンカバウ	イスラーム	3年

注）名前は仮名、2001年現在。

までと同様に、インタビューにもとづいている。インタビューを通じて、在日インドネシア人女性の家族が、互いに配偶者の文化をどのように受けとめ、あるいはどのように受け入れたのか、その交流と変容の状況をみてみたい。

対象者の大部分は首都圏に住み、「インドネシア人妻の会・家族の会」(8)のメンバーであるが、そのほか知人、友人に紹介してもらった家族もある。

インタビューをした家族、とくにインドネシア人の妻の属性をいくつかあげてみよう（表5）。年齢は三〇代から五〇代に及んでいるが、過半数は三〇代で、ほぼ同じ割合で男性は四〇代であり、子どもたちの多くが小・中学生の家族である。

女性たちの民族構成はインドネシアの民族構成を反映して、ジャワ人（三人）、バリ人（二人）、華人（一人）、バンジャール人（一人）、ミナンカバウ人（一人）、アチェ人（一人）、マナド人（一人）など多様である。宗教帰属はイスラーム（五人）、カトリック（二人）、プロテスタント（一人）、ヒンズー（一人）、仏教（一人）とインドネシア国家が公認する五宗教の分布がみられる。

カップルの出会いには、日本の経済発展と企業の海外進出が関係し、日本人の夫がインドネシアに企業から派遣されている間に知り合ったケースが多い（五例）。この場合、夫が技術者であるケースが多かった。そのほか学生として訪れたのがきっかけで知り合ったケース（三例）、日本政府主催の青年の船やアメリカの大学院で知り合ったケース（各一例）などがある。とくに若い世代の結婚は、インドネシア以外の海外で知り合うケースが増える傾向がある。

結婚後の居住期間から、二〇年以上の家族が二、一〇年以上の家族が四、三〜六年の家族が四と、異なった世代の家族と会うことができた。また、夫との死別や離婚など、結婚時との境遇の変化を経験している家族、障害者を抱えた家族など、困難な状況のなかで生活している家族とも出会った。

インタビューはさまざまな場所で行われたが、そのほとんどに日本人の夫が同席し、会話の助けをしてくれた。インタビューの内容は、二人の出会い、初めての日本の印象、言語の習得、食生活、宗教信仰、社会的活動、娯楽、生活習慣の相違などであるが、夫に同席してもらうことによって、夫や妻の役割、エスニック・アイデンティティなどの問題についても考えることができた。以下、登場する名前は仮名で、苗字で記されるのは日本人夫である。

言葉と会話

出会ったとき話した言葉、結婚した後の夫婦の会話、子どもを含めた家族の会話など、異文化結婚家族は複数の言語のなかで生きている。インドネシアで初めて出会ったカップルは、日本人男性が現地で覚えたインドネシア語で話しかけるか、英語でコミュニケーションをとっていた。インドネシア人女性たちの多くは日系企業に勤め秘書や事務員をしていたので、英語力はかなりあったといえる。夫はインドネシア語を書くほどでもないので、文通の場合は英語で行ってきた。しかしながら、日本で生活していくことになると、子どもを日本語で教育しなければならず、日本語を家庭内で使わざるをえなくなる。

山野さんが家庭内で日本語を使うことを決断したのは、妻が家で孤立してしまうのではないかという心配があったからだ。マナド出身のマリアさんは、山野さんがインドネシア語が上手なのであえて日本語を覚えなかったが、二〇〇〇年に離婚してから、職場や子どもから日本語を覚えるようになった。四歳の子どものほうが保育園に行って、日本語が上手になっていたからである。

インドネシア人女性たちは、テレビ、夫、子ども、夫の両親、近所の人たちなど身近にいる人から日本語を学んだ。夫とテレビがもっとも有効な教師だった。ジャワ出身のアルジュナさんは

「これからも私は日本語を勉強しなくてはいけないから、子どもには日本語でしか話しかけない」とその決意を語っている。インタビューしたほとんどのインドネシア人女性は、いまは日本語を流暢に話す。そのことによって地域や学校での活動に積極的に参加できるし、近所の人たちとのつきあいもしやすくなり、インドネシア人を意識させなくなってくる。アルジュナさんは市内に住むインドネシア人の女性に電話するときでも日本語で話しているという。

彼女たちにとって唯一の問題は、漢字の読み書きである。華人のデウィさんやジャワ出身のアリニさんなど、漢字に関心のある人を除き、日本語の文章の読み書きは不得手である。デウィさんは子どもから書くことを学んだ。アリニさんは現在漢字を勉強していて、とてもおもしろいと述べている。一方、バリ出身のティティさんやジャワ出身のダリアさんはひらがな、カナタナまではわかるが、漢字が入ってくると困るという。アチェ出身のジョアンニさんもひらがなは勉強したので読めるという。

幼稚園、小・中学校に通う子どもは、すぐに日本人の友人ができるので、そのなかで言葉を覚えている。もちろんインドネシア語を話す両親も意識して日本語を使うようにしている。母親は幼稚園でも学校でも、先生やほかの母親に積極的に話しかけ、読めない文章の内容を尋ねている。みんなとてもていねいに教えてくれるそうである。

日本人の夫がインドネシア語を上手に話す場合、往々にして奥さんや子どもの日本語の上達が遅れてしまうことになる。小川さん家族の場合、小川さんがインドネシア語が達者なので、夫婦の間ではインドネシア語を使ってしまう。妻のアリニさんは日本語が上手になりたいというプレッシャーもあり、外では必ず日本語で話すようにしている。アメリカで出会った高山さん家族の場合、結婚後も夫婦の間で英語を話すことが多く、幼い子どもにも英語と日本語、インドネシア語を混ぜて話しているため、妻のユリアさんの日本語の上達が遅いようだ。

子どもたちにインドネシア語を意識して教えている家族はない。そのため上手にインドネシア語を話す子どもはいなかった。しかし、夫婦がインドネシア語を話していたり、インドネシア語で電話しているのを聞いているから、話せなくても理解しているようだとデウィさんは言う。インドネシア人女性の日本での生活が円滑に進むためにも、また子どもたちが順調に成長するには、まず日本語の習得が最大の課題となっている。

食事と料理

筆者が会った家族は、基本的に日本料理を作り、食べるという点で普通の日本の家族と変わらない。一口にインドネシア料理といっても、ジャワ料理、バリ料理、パダン料理といったように、民族、地方により味つけが異なっており、それぞれの民族の料理となる。インドネシア料理だけという家庭はめったになく、食べたくなると作るが、夕食のなかの一品というかたちである。しかし、母親の影響から、夫も子どもたちも辛い食べ物に抵抗のない家族が多い。

ムスリムは断食明けには必ずインドネシア料理を作るが、ふだんは材料や香辛料を特別に買いに行かなければならないこともあり、頻繁には作らないようだ。家族によって好みも異なるので一般化は難しいが、森山さん宅では三〜五日に一度はインドネシア料理を作る。ふだんは味噌汁をはじめ日本料理である。私がインタビューでお邪魔したときに出された煮物や赤飯は日本人と変わらない味つけであった。小川さん宅ではインドネシア料理を週に一回ほど作るという。

イスラーム教徒の家庭はどこも一様に豚を使った料理はせず、夫と家族もそれには抵抗なく協力している。敬虔なムスリムは豚肉を買ったり、触ったりもすることも嫌悪するが、ジョアンニさんは触ったり料理はできるが、味見ができないのでおいしくできたかわからないのでしないという。義母の料理を手伝うことはできる。

厳格なムスリムの場合、ハラルといって特別の手法で処理された肉を食べるが、インタビューしたムスリム家族でそうしている人たちはいなかった。スーパーで売っている牛肉や鶏肉をそのまま利用している。ムスリムの山田さん宅の場合、子どもたちにはハムやベーコンを出しているし、学校で給食はそのまま食べさせている。子どもたちに「何でお母さんは豚肉を食べないの」とよく聞かれるという。

中華料理にしても豚肉抜きなので、餃子などは料理しない。海老、蟹、鶏肉を利用したものになる。ジョアンニさんは義母から日本料理をならったので、味が同じだという。近くに夫の実家のないダリアさんは、テレビの料理本を夫に読んでもらって作り方を覚えたという。アルジュナさんもテレビで勉強したり、友人から教わったりした。家に来た友人が持ってきた料理に、「これおいしいね。どうやって作るの?」と聞けば、「あ、簡単だよ」とすぐ教えてもらえるという。いまアルジュナさんは料理学校へ通い、熱心に料理に打ち込んでいる。

日本食のなかで抵抗のあった食べ物は、個人差もあるが、刺身や寿司、納豆、わさびなどである。バンジャール人のニナさんは塩辛やとろろをあげている。アルジュナさんはカキやウニをあげ、最初、日本人はどうして猫みたいに生魚を食べるのか不思議に思ったという。逆に受け入れやすかったのは、味噌汁、天ぷら、すき焼きなどである。煮物、鍋料理をあげた家族もいる。ニナさんは、日本に来て食べたお米がねばねばしているので、もち米かと思ったそうである。インドネシアの米はインディカ米で、炊くとパサパサしているからだ。

食に関する習慣の違いは、同居しているとよくわかる。義母は昼食を簡単にすますことが多い。そばやラーメンということがあるが、インドネシア人女性にとっては、ご飯を食べないと昼食をとった気がしない、毎回でもご飯を食べたいという。しかし、そのことを姑には恥ずかしくて言えず、夫にこっそり言うことになる。義母にとってこれまでどおり無意識にやっていたことが、必ずしも同居する異国の嫁さんには好まれないのだ。これは必ずしも異文化結婚だけにみられる現象とは言えないが。

宗教・信仰

女性たちの宗教帰属は多様であるが、ムスリムの場合、ムスリム同士結婚しなければならないという決まりがあるので、日本人の夫は名目上にせよムスリムにならねばならない。厳格なイスラームの家族と結婚した山野さんは、結婚を約束したとき、「イスラームになって」と言われたという。妻を仏教徒にしてしまったら、妻がインドネシアに帰れなくなると思い、自分がイスラームに入ることを承諾し、割礼の儀式を受けた。五歳になる息子は今年インドネシアに帰ったとき、盛大なパーティを開く予定だという。

山田さんは、息子が一歳半のとき、ジャワに戻り、割礼の大パーティを行った。これでムスリムとして一人前になった証明であり、インドネシア人の家族や友人にも認めてもらえるのである。しかしムスリムになったとはいえ、子どもたちはお祈りをしたり、コーランを読む訓練をしているのだろうか。山田さんの場合、いまは教えようとはしていないそうで、読みたいときがきたら勉強すればいいし、日本にいるから、別にできなくてもいいと寛容に考えている。

日常的なお祈りを毎日欠かさず行う人は少ないが、ジョアンニさんは一日五回お祈りをしている。断食も普通に行い、断食明けにはお祝いのご馳走も用意するといったように、熱心にイスラーム信仰を維持している。山野さんは日曜日には断食やお祈りにつきあったりするが、外では場所もないので、無理してお祈りはしていないという。それでもムスリムになったのだから、何の肉かわからないときは箸をつけないことにしている。初めて海外に出たとき、宗教はナシと書類に書いたことがあったほどであったが、結婚後は、宗教が山野さんの生活のなかに実際に入ってきたといえる。

インドネシア人妻の家族は、夫の親戚や友人の葬式に参列したり、神社仏閣にお参りしたりすることはあるが、神や仏に対して祈るというより、頭のなかではイスラームの神を思いながら、ご焼香やお線香をあげるそうだ。カトリック信者も神殿を拝むことはせず、カトリックの方式で十字を切るとのことである。家族のつきあいやレクリエーションのために日本の宗教儀式に参加したり、宗教施設に参拝しているといえる。

キリスト教徒のアリニさんやマリアさんは、二週間に一回は日曜日、教会に出かける。アリニさんは夫に子どもをみてもらって行く。教会にはほかのインドネシア人もおり、いろいろ面倒をみてもらっているという。

バリ出身のエダさんは三年前に夫を亡くした。夫は仏教徒なので、日本の戒名をもち、自宅には仏壇もある。お墓は京都にあり、一周忌などの供養も夫の親戚と行ったという。エダさんはヒンズー教徒なのでお祈りはできないが、仏壇にはお線香や花、果物などを供えている。

日本での生活が長くなり、年をとるにつれ、死に際してあるいは死後どうなるのかという話題も出はじめている。「死んだときは火葬にしないでね」とか、「インドネシアに埋葬してほしい」

という要望もある。四〇～五〇代の人たちの関心はお墓はどうするかということで、「妻の会」のメンバー有志は昨年、山梨県塩山市にあるイスラーム教徒を受け入れる墓を見学してきたという。今後、安心して生活できるためである。

社会的活動と地域交流

日本人の夫は、自分が仕事に出かけた後、家に妻が一人残されることへの不安がある。また病気、離婚、法律関係のことをインドネシア語で相談する場がほしいという。そうした期待に応えているのが「インドネシア人妻の会・家族の会」である。神奈川県横浜市の国際交流協会を通じて、月報『よこはま・Yokohama』がインドネシア語で刊行されているが、デウィさんはその編集にかかわっている。バリ出身のティティさんは、横浜市保土ケ谷国際交流協会のイベントに参加するボランティアグループを結成し、活動している。彼女たちの活動は、地域の人たちとの間の言葉の壁を崩し、人間関係を広げるとともに、彼女たちにとっても生きるエネルギーとなっている。

社会的活動を積極的に行っている彼女たちは、性格的にも社交的である。引っ越しても夫が近所の挨拶まわりに行こうと思ったら、もうみんな知っていたというように、すぐに地域の人たちに溶け込むキャラクターをもっているようだ。アルジュナさんは町内の子ども会や小学校ＰＴＡ

の役員も引き受けるほか、地域のＰＴＡのお母さんに公民館でインドネシア料理を教えたり、小学校の国際交流のクラスでインドネシア文化の話をしたりして、地域の小学校校長の間で知られるようになっている。

ダリアさんは郊外の新興住宅に住んでいる。どの家も同じくらいの世代の人たちで、近くに親戚がいない人が多い。そのため地域の結束があって、スムーズに近所づきあいができ、緊急のときには子どもを預かってくれる日本人の友人もできた。日本語が上達し、地域に長く住むと、自然に自治会やゴミ出しなどの関係から近所づきあいもできてくるのである。

出会いと結婚

異文化結婚では、結婚に至るまでの双方の家族の反応、異郷での自分と子どもたちに対する社会の反応など、当初は不安がつきまとう。離婚や死別という予想もつかない事態に直面するかもしれない。結婚によって、また日本での生活を続けるなかで、さまざまな変容を経験していく。それは日本人の夫にも言えることである。

インドネシア人は必ずしも同じ民族と結婚しているわけではない。アルジュナさんの父親はジャワ人、母親はバリ人であり、ジョアンニさんの父親はアチェ人、母親はバタック人である。それゆえ異民族結婚には慣れている。

それでもアルジュナさんの父親は、日本人と結婚するのを「やめてくれ、絶対それだけはやめてくれ」と反対したそうだ。日本が遠いこと、そのため何かあったときに助けられない不安、そして戦争の影響で日本人に良い印象がなかったことなどがあった。危険を冒してまで知らない国に行ってしまうのか疑問もあった。しかし、同居する伯母が一生懸命応援してくれて、最後に反対は父親一人になったという。

アルジュナさんの夫、山田さんは、結婚に対して親族や友人の反対はまったくなかったが、インドネシア人と結婚して将来生まれてくる子どもが不幸だと感じるのではないかと悩んだという。異文化結婚した人たちの子どもが差別されてきたことを知っているからでもあろう(9)。しかし、実際には二人の子どもたちが両親の異文化結婚を自慢にしていると知り救われたという。母親が小学校に行ってインドネシアのことを話したりしているのを見て、尊敬するようになったのではないかということである。父親の山田さんは、そういう二人の子どもにとても感謝しているし、子どもたちが自分たちの結婚を支えてくれていると感じている。

千葉に住むバリ出身のエダさんは、夫の死という厳しい試練に直面した。子どもはまだ八歳であるが、日本に住みつづける予定なので、子どもには日本語で話しかけている。あまり悲しくすると子どもがかわいそうなので、毎日明るく笑顔で接するように心がけているという。

また、日本で生活するようになって、日本人の優しさにふれるという。市役所に行ったとき、「書けないですか？　書きますよ」と言ってくれたり、「あちらの駅どう行くんですか」と尋ねたら、「こちら、こちら」と教えてくれた。その優しさがとても好きだという。アメリカではそんなことは一度もなかったと対比している。

離婚を経験したマリアさんは四歳の男の子がいるが、子どもが日本語での生活に慣れていることもあり、また日本語しかわからないので、日本で子どもを育てたいという。インドネシアを長く離れているので、子どもが適応できないのではないかという危惧もある。保育園へ預けたり、母子家庭への制度的支援もあるので、職場さえあれば日本にいるほうが安定的な生活をしていくことができると述べている。

インドネシアにいたときとくらべて結婚後の生活形態が変わることは、誰にでもある。しかしながら、自分が所属する民族の慣習法（アダット）に縛られることがある。母系制で知られるミナンカバウ人のユリアさんは、伝統に従い、結婚しても母方の伯父には敬意を払い続けている。しかし、外国人と結婚したため、母から受け継いだ財産はユリアさんの娘には相続できないというのだ。結婚して女の子が生まれなかったり、外国人と結婚した場合は母からの遺産を引き継ぐことができないという慣習があるからである。異文化結婚によって、彼女の場合、自己に与えられた権利が失われるという変化を経験することになった。

デウィさんは結婚当時、インドネシア国籍をもたない華人系インドネシア人であったため、複雑な手続きを経てやっと日本での結婚が可能になった。インドネシアでおかれてきた華人の立場もあって、インドネシアの社会ではできなかったことが、日本での結婚生活で可能になったことがある。現在は政治体制が変わり、インドネシアもかなり自由になったが、これまでインドネシアでは政治のことを話すことができなかった。しかし、日本では政治に関する発言がとても自由であることを知った。また横浜市のボランティア活動で行われている各種相談を通じて、日本の法律がわかるようになり、日本の社会のなかに入れたと感じている。さらに「インドネシア人妻の会」を通じて、民族や宗教が違っても、インドネシア人同士ボランティア活動で互いに助け合い、また日本人との交流活動もできるようになったという。つまり、結婚によって、インドネシアではできなかったことが可能になったのである。(10)

夫の役割・主婦の仕事

夫は母親と妻の苦情受付係であり、妻への日本文化の説明係となる。両親宅に同居しているとき、「自分たちが使用している部屋以外の母や兄の部屋までなぜ掃除しなくてはならないのか」「私はお手伝いさんではないのに」という妻の問いに、山田さんは「お嫁さんに来たんだからやるのが当然なんだ」という言い方しかできなかった。たしかにインドネシアにいるときお手伝いさんがやっていたことである。

反対に、アメリカへ嫁いだ女性が、「お嫁に来た」という思いで姑の部屋を掃除しようとしたら、たいへんびっくりされたというケースもある。家庭内における文化の相違のさまをリアルにみることになる。日本における主婦の役割・仕事とは何か、何をすべきかを徐々に学習していくことになる。

山田さん宅を訪れたとき、小学校から帰ってきた子どもがカバンから書類を取り出し、真っ先に持って行った先は父親のところであった。森山さん宅も、子どもが学校から持って帰った手紙を読んだり連絡帳の記入は父親の日課だった。ここにも異文化結婚をしている日本人父親の家庭での重要な役割がある。

根本さんも学校との連絡、便り、何が必要かなどの点検をし、勉強がきちんと進んでいるかをチェックしている。山田さんと根本さんは、子どもが病院に行くときや予防接種のときにはいつも妻とともに同行する。とくに子どもが病気のときパニックになることもあるので、夫が行って説明しなければならないことがある。山田さんは毎週土曜日の午前中三時間、小学校に通う二人の子どもの算数と国語の勉強をみている。アルジュナさんからも「よくみてくれる」と感謝されている。

家計の管理についての文化的相違を感じている山田さんは、給料をそのまま妻に渡さない。毎月、家計に必要な額をアルジュナさんの口座に振り込んでいる。大きな買い物は夫が出すが、その範囲内で家計を管理するようにしているという。

異文化結婚をした夫は、文化説明者であり、調整者である。その分、通常の日本人の夫より負担はかかっている。つぎに文化の解釈をめぐって夫婦や家庭内で軋轢や対立がどのように生じ、またそれを乗り越えることによって、関係が一新・継続されていく様子をみることにしよう。

異文化・他者の理解――新たなコミュニケーションにむけて

これはあらゆる結婚にあてはまることだが、当事者は理解し合っても、双方の家族がどう彼らを迎え入れるのか、とくに居住することになる国の親との関係には不安がつきまとう。また子どもの養育について、子どもが育つ社会の通念を理解しないとさまざまな軋轢が生じる。夫が妻の行動に不安になって怒りがちになる。また夫の社会の企業文化を理解できないと対立が生じる。親孝行や送金のあり方など、文化＝生活形態の違いにさまざまな挑戦をしなくてはならない。また相違について納得のいく説明や学習が必要とされる。

妻が一人ぼっちになることへの不安、自分の家族、とくに母親とうまくやっていけるか、家計をやりくりできるかという不安は夫にもある。デウィさんは夫の実家に里帰りするとき、先輩としての母親を意識して極力立てようとした。ジョアンニさんは、夫が出張で留守にした正月に夫の両親が初詣に連れて行ってくれたとき、神社の石段を上る両親を下から支えて上った。ふだんそのように大事にされたことのない両親は、ジョアンニさんの行為にたいへん感激し、帰ってきた息子に、「お前、あんな子はいないよ！　大当たり、大当たり」と言って大喜びし、それを機会に関係がとてもよくなったという。彼女は年寄を大事にする文化のなかで生きてきたので、そうした行為は普通のことであったのだが。習慣の相違がかえってコミュニケーションをよくした例である。「お袋に嫌われたらどうしようか」という危惧もなくなって、山野さんは安心したという。

結婚当初、小川さんは妻のアリニさんをよく怒ったという。彼女は「でも慣れてくるうちに優しくなりました。夫はぜんぜん怒りません」と述べている。夫が怒るのは心配しているときで、「知らないと思うから、つい何度も言ってしまうんです。でも自分も徐々に調整できるようになりました」と、その後の変化を語っている。

インドネシア人女性にとって、温泉入浴の習慣も初めての人がほとんどである。女性同士でも裸を見せることは稀である。ジョアンニさんは温泉の女湯に入ったとき、一緒におばさんが服を脱いでいるので、同じ行動をとったという。お湯を浴び、それから出て体を洗い、流した。こうした行為はまったく初めてであったが、温泉の入り方を意識して学んだという。例外的にニナさんは風呂になじめず、年に数えられるほどしか入浴しないという。どちらかというとシャワーの方を好む。初めての銭湯もタオルを巻いて入ったというほどで、彼女にとってはいまも受け入れにくい習慣である。

デウィさんやジョアンニさんは、サラリーマンの家庭というものがわからなかった。インドネシアではいつもお手伝いさんがいて、料理や掃除、洗濯をしてくれていたので、日本に来て、買い物、料理、掃除、育児などすべて主婦となった自分がしなければならなくなったことにとまどった。ユリアさんは、いまでもうまく料理ができない。しかし、ジョアンニさんはお母さんが子どもの面倒をみる日本の習慣は良いと述べている。生活していくなかで、彼女たちも無意識にインドネシアと日本の比較文化論をしているようだ。

一様にインドネシア人女性が驚き、対立の原因になるのは、夫の帰りが遅いことである。「昔なんか、早いたって九時半だもの。びっくりしたよ。もう呆れてるよ」という妻に対して、夫は「そういうのも驚きなんだよね。こちらからしたら、しようがないのにね」というわけで、互いに相手の感覚がわからないのである。日本人のつきあい、とくに男同士のつきあいが、家族ぐるみのつきあい方をするインドネシア人には理解できないのだと高田さんは言う。

子どもの成長につれ絶えず新しい状況に直面し、戸惑い、時には激しく家族内で対立することがある。あるクリスチャンの家族では、クリスマスに家族そろってインドネシアに行くことにしていた。ところが中学生の息子は、その日が部活の試合と重なってしまい、それを母親には言えなかった。息子の代わりに夫がそのことを妻に告げると、妻は理解できずに家出をしてしまった。インドネシアでは家族のことが優先されるのに、なぜ日本では部活なのか信じられなかったのだろう。

このような異文化間の問題は異文化結婚家族にはつぎつぎに生じる。双方の立場を理解できる仲介的友人や相談相手がいるときはよいが、インドネシア人女性も子どもの成長の過程でさまざまなことを学んでいかねばならないし、夫もいろいろな問題が生じたときに、妻に納得のいく説明や解釈をしていく努力が必要になってくる。

おわりに——新しい世代への継承

カトリック信者のティティさんと結婚した根本さんは、結婚後、カトリック信者になった。家族のまとまりは宗教によってという考えからである。そこには夫婦が一方的に相手の文化に合わせるのではなく、意識して互いが歩み寄る姿勢がみられる。彼は「異文化結婚したからといって、要は自分のもっている本来のパーソナリティっていうのはあまり変えないで、それでもって家庭を築いていく。そういう感じでやっています」という。また「日本に来た人間を助けるという、私の方が引いている部分が多いですね。……そうやらないとうまくいかないから」と語る。

子どもたちがモンゴルやカナダに住む友人と文通をしているという山田さんは、子どもたちに英語を勉強することをしきりに勧めている。自分たちや子どもたちの将来、国境を越えて移動するかもしれないという予感があるからである。将来どこで生きるかを選択するときが来るかもしれない、日本にこのまま生き続けるかどうかはわからないという。子どもたちも自分たちのように、国境にこだわらず国際人として生きてほしいと願っている。その願いは一一歳の娘に空（ソラ）、一〇歳の息子に海（カイ）と命名したことにも表われている。ともに国境がないことで共通している。

異文化結婚は、つぎの世代を否応なしに巻き込んでいく。山田さんの子どもたちへの願いと期待がどのように展開するかはわからない。異文化結婚の日常生活は、その未知の部分をそれぞれが支え合いながら切り拓いていく作業といえる。

註

（1）石井由香「国際結婚の現状」駒井洋編『講座外国人定住問題第二巻　定住化する外国人』明石書店、一九九五年

（2）吉田正紀「国際結婚にみる異文化の交流と実践（2）―三島市に生きるフィリピン女性家族の事例から」秋山正幸編『知の新視界』南雲堂、二〇〇三年

（3）泉久恵『国際結婚　イスラームの花嫁』海象社、二〇〇〇年／川口マーン恵美『国際結婚ナイショ話』草思社、一九九七年ほか

（4）今井千香子『アジアのミラクルパンチ―インドネシア絶叫、爆笑生活―』徳間文庫、一九九九年／風海りんね『アジア恋愛のススメ―七転八倒、ビルマの花嫁日記―』ワニ文庫、二〇〇一年

（5）水野潤『ドリアンの木の下で―暮らすほどに面白いタイの生活―』Aree Books、一九九九年／坂田米夫『死ぬなら今―婿殿のチェンマイ日記―』四谷ラウンド、一九九九年／同『タイ人になろう―婿殿のチェンマイ日記―』四谷ラウンド、二〇〇〇年

（6）日本人との結婚について、外国人側の意見と経験を述べたものに、Nancy B Diggs, "Looking Beyond the mask, when American women marry Japanese men", State Univeersity of New York, 2001がある。日本人男性と結婚した三〇人のアメリカ人女性のカルチャーショックを描いている。

（7）フセイン・営子・モアゼム、ギスタ・碧・ルシほか『アジアン・パートナー―異文化夫婦の歩んで

きた四半世紀―』スリーエーネットワーク、一九九七年

（8）「インドネシア人妻の会・家族の会」は一九八八年、在日のインドネシア人妻とその家族のために設立された。二〇〇一年現在、会員は神奈川県横浜市を中心として一九〇家族ほどで、イスラーム新年祭や各種勉強会をとおして、会員の交流を図っている。

（9）S・マーフィ重松『アメラジアンの子供たち―知られざるマイノリティ問題―』集英社新書、二〇〇二年

（10）『朝日新聞』二〇〇一年一月一二日

7 インドネシアからの花嫁

定着への日常的実践

在日インドネシア人家族の研究

グローバル化と科学技術の進展にともない、労働や留学、旅行で国境を越える人びとの数が世界的規模で増大している。このような人びとの移動の波は、日本人と他の民族との出会いの機会を増やし、今日の異文化結婚の増加につながっている。

一九七六年以降の日本における異文化結婚の特徴は、男性が女性より外国人配偶者と結婚する割合が多くなったこと、配偶者の国籍が多様化したこと、アジア諸国の国籍をもつ女性たちとの結婚が増えていることである。二〇〇八年の『在留外国人統計』では、日本人配偶者等として位置づけられるブラジル人が約三〇パーセントを占めるが、約六〇パーセントは中国人、フィリピン人、韓国・朝鮮人、タイ人などのアジアの人びとである。

宿谷京子が『アジアの花嫁』（明石書店、一九八八年）で明らかにしたように、地方農村の嫁不足がフィリピン人女性との集団見合いによる「農村花嫁」現象を引き起こしたり、また外国人労働者のなかには、興行ビザで来日し、風俗業界で働くうちに日本人配偶者と出会い、結婚し居住するアジアからの女性も少なくない。

したがって、アジアからの移住労働者として、あるいは農村花嫁としてやって来た女性たちは、しばしば否定的なイメージでとらえられることが多かった。彼女たちの結婚生活を描くにあたっても、「結婚・家族問題」として語られたり[1]、犯罪行為などがしばしば取り上げられ[2]、大多数の通常の結婚生活を営むアジア人女性の姿は十分に伝えられてこなかった[3]。また、近年はフィリピン人と日本人の異文化結婚家族の本の出版が相次いでいるが[4]、他のアジア諸国出身者との事例に関する研究は十分になされているとはいえない。

筆者は、一般に国籍の異なる者同士の「国際結婚」を、異なった文化や価値観をもつ者同士の生活の営みを強調する「異文化結婚」として捉え直し、この種の結婚を個人と家族レベルでの異文化の交流と調整の場としてポジティブに捉えようとした（本書第I部参照）。本章は、その事例として、結婚を契機として、日本で生活するようになったインドネシア人女性が異文化をどのように調整し、受容しているかについて考察する。

図1　インドネシア人定住者の推移

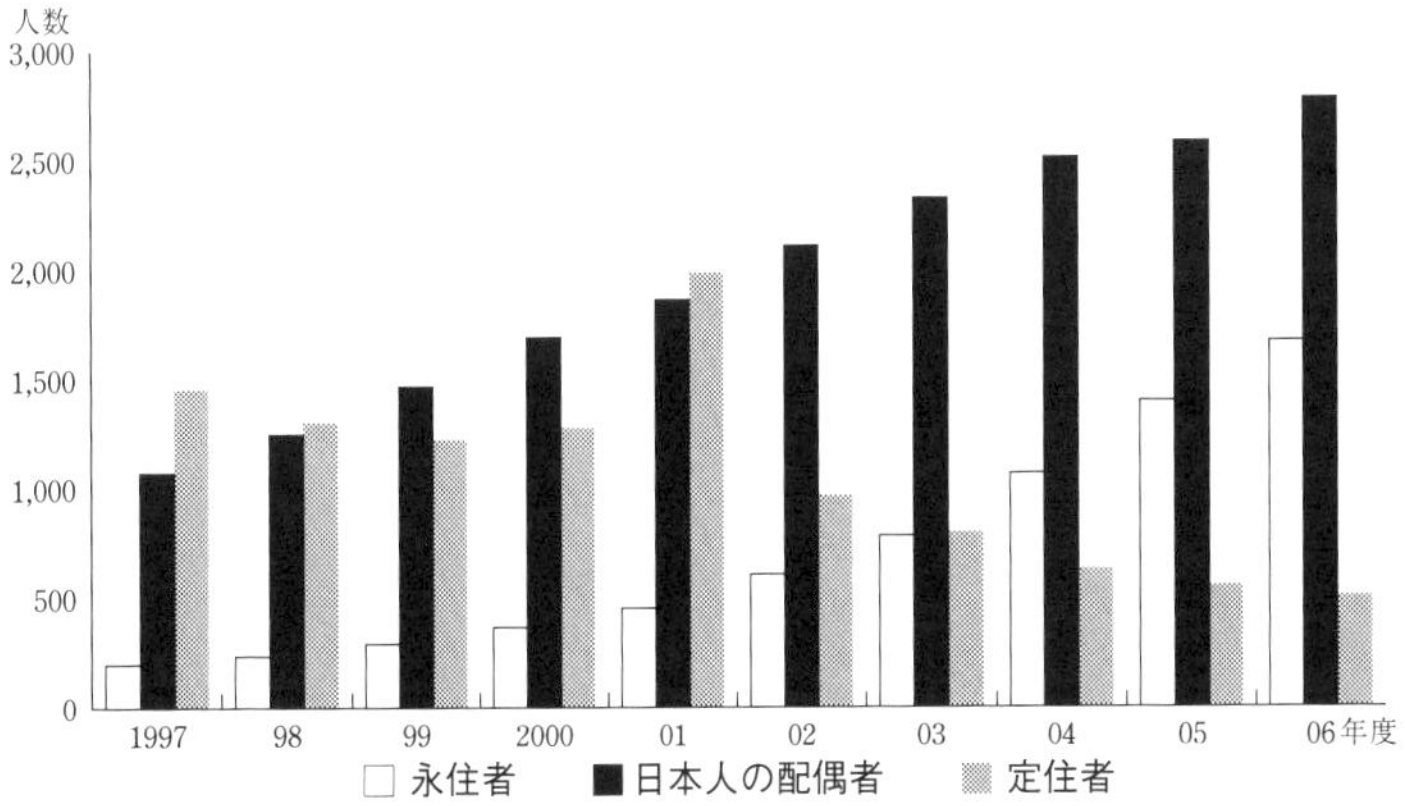

出典）入管協会『在留外国人統計』（各年度版）より

現在、日本に住む多くのインドネシア人妻は、企業派遣や留学でインドネシアに滞在中の日本人男性と知り合い、結婚して来日した。だが近年、二〇〜三〇代のインドネシア人と日本人のカップルが、各自の母国以外の国で出会う機会が多くなっている（本書第2章参照）。

グローバル化が進行する現在、祖国をさまざまな理由で離れ、異国で生活する人たちはごくありふれた存在になろうとしている。異文化での戸惑いや驚きを経験しながら、異国の言語や風習を学びながら生活する人たち、とりわけ日本人と結婚し、日本で生活しているインドネシア人女性は、異文化のなかで、どのような適応の努力を重ねているのだろうか。

本章では第一に、日本人と結婚したインドネシア人女性が滞日中に参加している相互扶助組織の事例として、神奈川県横浜市を中心に活動している「インドネシア人家族の会（Perkumpulan Keluarga Besar Indonesia di Yokohama : PKIY）」を紹介する。第二に、日本に滞在しているインドネシア人女性の結婚生活上の変化と定着の過程を、インドネシアとアメリカで日本人配偶者と知り合った三〇代の女性二人の具体例から観察し、今後のインドネシア人家族の変化と定着に関する研究の予備的報告としたい。

異文化結婚を経て日本で生活しているインドネシア人男女についての正確な数値は把握しにくい。『在留外国人統計』の「日本人配偶者等」をみると、一九九七年から二〇〇六年の一〇年間に、一〇七六人から二七八五人へと約二・七倍に増加している（図1）。二〇〇七年末のアジア地域出身者の概況からみると、中国（五・四万）とフィリピン（五・一万）、韓国・朝鮮（二・二万）とタイ（一万）と続いて、インドネシア人は第五位（三一二九人）を占める。年々着実に増加しているとはいえ、他のアジア諸国とくらべてまだそれほど大きな規模ではない。

インドネシア人家族の会――日本で生きる定住家族の親睦と学習

二〇〇六年一一月二六日、「インドネシア人家族の会」のイスラームの新年祭（ハリラヤ）が横浜市港南区区民センターで開かれた。会場は狭く感じるほど多くのインドネシア人家族でごった返していた。筆者が到着したとき、午前一一時に始まった会はすでに持ち寄りのインドネシア料理の会食が終わり、司会の進行にあわせてビンゴゲームに移っていた。司会者は日本語とインドネシア語の双方で話しているが、参加している子どもたちの会話はほとんどが日本語である。このとき会った「インドネシア人家族の会」の会長や他の役員の多くは、子どもがまだ小学生の三〇代の女性たちであった。

会の設立とその目的

現在の「インドネシア人家族の会」は、「インドネシア人妻の会・家族の会」として、一九八八年、神奈川県、とくに横浜市に住む日本人と結婚したインドネシア人の妻・夫やその家族が親睦と交流を深める目的で設立された。当初集まったインドネシア人家族は六家族であったが、現在は千葉、東京、埼玉などからも集まり、一九〇家族にもなる。(5) インドネシア人と日本人のカップルの参加者は、会が開かれるたびに少しずつ増加しているという。日本人の夫の職業は建築、電気、製薬会社、空港関係などさまざまで、多くはジャカルタ赴任中に妻と知り合い結婚している。年代は二〇～七〇代と幅広いが、三〇～四〇代が中心である。参加者が増えるにつれ属性も多様化したことから、二〇〇五年九月、「インドネシア人家族の会」へと名称変更された。

家族の会の目的は、第一に、インドネシア人家族間の親睦と交流にある。現在三〇代を中心に運営されているが、これは彼女らが育児などで相互扶助をもっとも必要とする世代であることがあげられる。また年をとるにつれインドネシアが恋しくなり、同胞とインドネシア語で思いっきり話したいという年輩の人たちも参加するようになっている。

第二に、インドネシアの文化を地域の日本人に紹介することである。そのため、インドネシア料理の講習会やインドネシアの舞踊や歌などを通じて、区や市の国際理解の催しやイベントに積極的に参加している。「横浜国際フェスタ二〇〇六」ではインドネシア料理コーナーを担当した。日本人との交流の機会が増えることで、日本の文化や社会を学ぶ機会が増えると考えている。

そして第三に、彼女たちにとってもっとも重要なことは、日本で日本人の配偶者と生活していくうえで、自分たちだけでは理解できない日本人の考え方や行動様式などを話し合い、勉強することである。

インドネシア人家族への助言

この会の発起人の一人であり、設立後は初代会長として、また引退後も引きつづき陰になり日向になって会を支えてきた丸山ハナコさん（仮名、五九歳）に、この会の活動について語ってもらった。

彼女は、日本からジャワ島東部のマランへ研修に来ていた現在の夫と知り合い、結婚して在日二七年になる華人系インドネシア人である。彼女は、インドネシア人家族の会が、インドネシアと日本の生活習慣、子どもの教育、老後のあり方など、文化が異なるため精神的負担となる事柄を気軽に話し合える、民族や宗教を越えた交流の場になればと考えている。たとえば、ある日の集まりで、あるインドネシア人女性は「日本の男の人は、残業が大変なの。うちもそうよ」とみんなが口々に言うことを聞き、安心したという。ときには夫への不満や万国共通の嫁姑問題なども話題となるような、自由なふん囲気が期待される(6)。

丸山さんはとくに、家族がどこに生活の場があるかを自覚する必要があると主張する。そのためには生活する社会の習慣や言葉を学び、インドネシア人の習慣や考え方をぶつけ合うべきことを促す。たとえば、本国への「仕送り」をめぐって夫と喧嘩になるのは、子どもが親に仕送りをすることが当たり前とされるインドネシアと、そのような習慣があまりない日本の考えが対立するためである。丸山さんは、「こっそり隠れてしないで、夫に了解をもらいなさい。しかし、インドネシアにいる兄弟姉妹が頼ってきたら、それはよく考えなさい。私ならそこまではしない」と助言しているという。

ほかにも会合や約束の時間を守ることなど、日本で生活するために学ばなければならない習慣はたくさんある。日本の習慣を学ぶ手段として彼女は、日本人のいる職場で働くことを勧める。日本人の考えや行動様式を、夫からだけではなく、外で学ぶことができるからである。夫の帰りが遅いことも、そうしないと給料が上がらずリストラされてしまう日本人サラリーマンの実情がわかるからである。日本人の考え方がわかれば対立が減り、家族の幸せが守れるという。

丸山さんは、異文化で生活すること、そのためには夫も妻も自立した個人にならなくてはならないことを、相談に来た会員に助言している。日本人の夫が、日本にいるからとインドネシア人の妻をかわいそうに思ったり言いなりになっているかぎり、彼女は自立できないと指摘する。

たとえば、インドネシア語が流暢な夫がインドネシア語を使いつづけると、妻の日本語が上達せず日本への適応が遅くなり結局だめになる、と手厳しい。またお産のたびにインドネシアに帰る妻もいるが、それなら夫にインドネシアで仕事を探したほうが家族全員安心して暮らせるのではないかとさえ言う。なにかにつけてインドネシアの実家を頼りすぎると、言葉も子どもの教育も一貫してできず、日本の生活になじめないことになってしまう。よって夫も責任を共有し、妻に自立した生活ができるように支援しなければならないと指摘する。

丸山さんは、会員が離婚したい、夫が急死した、夫が浮気した、夫と子どもが対立しているなど、絶えず生じる家族問題に関する良き相談相手であり、二つの文化の橋渡しをする文化アドバイザーとしての役割を果たしている。

家族の会のさまざまな活動

家族の会として年間に行われる行事はいくつかある。一つは四月二二日の会の創立記念日のイベントである。今年は日帰りのバスツアーで、インドネシア人が好む千葉県のマザー牧場やイチゴ狩りを計画しているという。興味深いことに、日本人と異なって、お寺や紅葉などには関心がないそうだ。また、九月には新しい入管法の勉強会が予定されている。勉強会は年数回開催されているが、これはインドネシア人同士の集まりにありがちなうわさや悪口に終始する場になってしまうことを恐れ、有意義なことをしたいという理念で当初から受け継がれてきた活動である。

また、毎年イスラーム暦にしたがってイスラーム新年祭が、一二月になるとクリスマス会が開催される。

インドネシアでは宗教が生活の上で重要な役割を果たしているが、異なった宗教信者の会員がいるので、会としては宗教にかかわらず仲良くすごしたいと考えている。しかし、本国で主流のイスラーム教徒が多数を占め、またキリスト教徒もかなりいるので、両宗教のイベントは欠かせない。その際、ほかの宗教の人も一緒に参加するのが望ましいが、参加しなくても非難されないし、直接参加しないが裏方の仕事をすることも歓迎される。実際、イスラーム新年祭のときは少人数だが他宗教の会員が料理を準備している。

宗教関係の役員も決められており、とくにイスラーム教とキリスト教担当が設けられている。ムスリム会員は毎月一回、クルアーン(コーラン)を読唱する会を開催している。場所はもちまわりないし抽選で決め、参加は自由である。キリスト教徒の会員は各自で日曜日に教会に出かけている。会では「互いの宗教を尊重すること。外国では互いに助け合うこと。そしてみんな仲良くすること」がモットーである。

また、本会は横浜市および港南区の国際協力の各種イベントや支援業務に参加してきた功績が認められ、さまざまな公的支援を受けている。丸山さんは横浜市国際交流協会で週一回、中国人やインドネシア人を対象とした生活相談を担当して地域に貢献している。インドネシア人家族の会としては、横浜市国際交流協会が発行している月刊ニュースレター『よこはま・Yokohama』

のインドネシア版や、『港南交流ラウンジ・ニュース』のインドネシア語版『Berita Seputar Konan Lounge』を編集している。さらに横浜NGO連絡会にも参加し、市内で行われる各種イベントへの参加や講師派遣など、インドネシア人の存在を地域にアピールしている。

子育てを通じた日本への定着と新たなる挑戦——高山ユリアさん

筆者はこれまで在日インドネシア人女性とのインタビューにおいては、ある一定の時点での彼女たちの思考や経験について尋ねてきたが（本書第6章）、今回はその一部の方々に数年の時間をおいて再会し、日本でのその後の新たな経験や適応のあり方を知ることができた。ここでは二人のインドネシア人女性（高山ユリアさんと小川アリニさん、ともに仮名）の事例を取り上げる。

二〇〇六年秋、静岡に住むユリアさんが五年ぶりに電話をかけてきた。大学の社会人聴講生として学びたいとのことであった。二年ほど前にジャカルタから戻り、子どもたちも小学校と幼稚園に行くようになって生活も落ち着いてきて、午前中に勉強できる時間的余裕ができたからである。初めて会ったときはインドネシア語と英語しか話せなかったのに、しばらく会わないうちに、彼女の日本語は見違えるほど上手になっていた。また電話に出るほかの家族との関係からも、日本の家族に溶け込んでいるように思えた。

アメリカで出会い、日本で暮らす

ユリアさんは、ジャカルタに移住したスマトラ島出身のミナンカバウ人である。彼女と初めて会ったのは、夫の実家のある静岡県三島市に来た二〇〇一年のことである。当時彼女は三二歳で、二児の母であった。

彼女はジャカルタの私立大学を卒業してから、アメリカのコロラド州立大学修士課程に留学し、経営学を学んだ。そのとき同課程に在学していた現在の夫に出会った。二七歳であった。第2章でみてきた、「欧米でインドネシア人男性と出会い、インドネシアに嫁ぐ」若い日本人女性と共通した出会いである。双方が互いの文化や言語、食生活などの習慣を知らないことも特徴的である。

アメリカにいる間、二人の会話は英語であったが、日本で生活しはじめると、同居する夫の両親とのコミュニケーションもあり、四年前には、日本語が二〇パーセントくらいまじるようになっていた。夫がイスラームに改宗した際にインドネシア語を学ぶ約束があったそうで、家庭では英語五、日本語三、インドネシア語二の割合の多言語家族となった。

ユリアさんにとって日本語学習は急務であり、週一回のボランティアの日本語講師や公民館の日本語講習を受けたりした。家では日本語しか通じず、二歳半になる長男にも夫や両親は日本語で話しかけ、彼女だけがインドネシア語と英語をまぜて使ってしまい、少なからず危惧を抱かせる状態であった。また、彼らはしばらくして一家でジャカルタに移る予定だったので、ますます彼ら家族の将来が思いやられた。

ジャカルタから再び日本へ

その後、彼らは一年一〇カ月ほどジャカルタで暮らすことになる。ジャカルタでは、ジャワの宮廷に伝わるというジャムゥ（インドネシアで人気の民間薬）を使ったエステサロンを経営していたが、二〇〇四年三月、長男の小学校入学も考えて帰国を決意する。長男は現地の幼稚園ではインドネシア語を話していたので、帰国後、日本語を話せなかった。しかし徐々に日本語を覚え、現在小学生となり、日本語も達者になった。末の娘が二〇〇五年一一月から幼稚園に通うようになり、日本語を覚えるにつれ、ユリアさんも子どもから単語を学んだりして積極的に日本語を話すようになった。

生活の拠点を日本におくことを決断し、その結果、子どもの教育の場を日本に選択したことが、彼女の日本語の上達を促した直接の原因である。さらにユリアさんは、両親兄弟が欧米留学経験のあるエリート家庭で育ち、お手伝いさんのいる生活から、掃除、洗濯、買い物と何でもこなす日本の主婦としてたくましい変貌をみせなくてはならなかった。

夫の両親は何度かジャカルタに住むユリアさんの両親を訪ねた。両家の良好な関係と支援が彼女に安心感を与えた。夫の両親はいまではインドネシアに関心をもち、しばしばバリを訪れるという。インドネシア好きになった夫の両親は、インドネシアからと嫁いできたユリアさんへの寛容さを醸成している。両親の家族が共に経済的に安定し、自国を越えた行動や思考ができることも利点のようだ。

夫の両親は二人の結婚に反対はしなかったが、ユリアさんの両親や兄弟、親戚、友人が外国人との結婚に賛成ではなかった。母系制のミナンカバウ社会では通常、母方親族から財産を継承できるが、外国人と結婚すると不可能になることや、インドネシアにいればいろいろな仕事ができることなどを言われたが、それでもユリアさんは自らの意志で夫との結婚を、さらに日本での生活を決断している。

筆者と会ったとき、ユリアさんは連れてきた五歳になる娘のキコちゃんへ日本語で話しかけていた。育児の合間に大学に通ってみたいという彼女の夢は、もうすぐ実現するはずである。

楽しくなった日本での生活——小川アリニさん

二〇〇一年に初めて埼玉で会ったとき、アリニさんは来日四年目であった。二〇〇七年二月に再会いしたときは、在日一〇年目になっていたことになる。この間に、アリニさんの日本での生活にはどのような変化があったのだろうか。言語、家庭、仕事、育児、人間関係の広がりなどについて尋ねた。

出会い・言葉

中部ジャワのジョクジャカルタ生まれのアリニさんは現在三七歳である。地元の大学で学んでいるときに留学中の夫と出会い、二八歳のときに結婚する。現在、八歳の小学二年生の男の子がいる。日本人男性と結婚して日本に滞在するインドネシア人女性としては、彼女のケースは一般的ではない。大多数のカップルはジャカルタで働いているときに知り合うことが多いからである。また、日本人の夫との会話は日本語が圧倒的に多いのに対して、アリニさんの場合、知り合った当時から現在までインドネシア語である。

夫の勝二さん（仮名）によれば、妻が来日にして、日本の環境のなかで生活していくにあたって多くのストレスがあると思われたので、二人の間ではインドネシア語で話しているのだという（勝二さんはインドネシア語での日常会話ができる）。しかし、息子はインドネシア語ができないので、両親の会話においてきぼりになるとき、無理に割り込もうとしたり、怒ったりすることもある。

勝二さんは、息子にインドネシア語を学んでほしいと思っているが、息子はあまり関心をもたないようである。夫婦の会話がインドネシア語であったせいか、五年前に会ったときには息子の日本語が遅いようだと心配していたが、現在は流暢な日本語を話すようになっている。家族三人の会話が通常は日本語なので、夫婦の間でも少しずつ日本語が増えていることは確かである。

日本人の夫がインドネシア語を流暢に話すため妻の日本語がなかなか上達しにくいというケー

スがあるが、子どもが成長するにしたがって、とくに通園・通学が始まると、次第にインドネシア人の母親も必然的に日本語を学ばなくてはならなくなる。これはアリニさんにもユリアさんにも共通して言えることである。

仕事

アリニさんは、二〇〇一年に会ったとき、インドネシア語学校で非常勤講師を務めていた。現在も引き続きインドネシア語講師をしている。二〇〇六年五月からはK大学で教えるほか、都内を中心に幅広いネットワークをもつ語学学校で、インドネシアへ赴任する会社員やその家族にも早朝ないし夕方に教えている。授業は、ジャカルタで生活する際に、運転手やお手伝いさんとどのようなコミュニケーションをとるかといった具体的な内容とのことである。時間帯や曜日が不定期で、有楽町、日本橋、大手町などのクラスを巡回する。夫の仕事が休みのときには、子どもの面倒をみてもらえるので、クラスを多く教えることができる。夫によれば、仕事があると疲れるとは言いながら、うれしそうに出かけていくという。子育てから束の間離れることができることは、ストレスの解消にも役立っているようだ。

子育て・子どもとの生活

小学二年生の長男は、幼稚園に入る前は夜泣きもひどく、手間のかかる子どもであった。幼稚園に行くようになると、最初は寂しがったが、アリニさんの生活スタイルは安定してきた。小学校に入った当初、授業参観や学級懇談会には夫婦一緒に参加したが、二年生になると学校の情報を息子が伝えられるようになり、父親が何にでもかかわる必要がなくなった。アリニさんもほかの親や先生たちと話せるようになったが、彼女が理解できないことは、いまも夫と相談している。

長男の入園時に問題だったのは、言葉が通常の日本人の子どもよりもできなかったことである。うまく意思を友人に伝えられず、先に手が出て喧嘩になってしまうことがあった。二年目になって日本語がうまく話せるようになり、友人ができるようになると喧嘩もしなくなった。小学校では、理解の遅いところはあるが、基本的には学校の勉強や生活についていけているという。人見知りしない性格もあり、よく食べ、ゲームもする、ごく普通の小学生である。

アリニさんは、いまはいじめはないとしても、これからあるかもしれないという不安を抱いている。また、子どもが思春期になると親から離れていってしまうことに、インドネシアとの相違を指摘している。インドネシアなら、大きくなっても、結婚しても、男の子が母親と一緒に出かけたりすることがあるのに、日本でそういうことが少ないことを不思議に思っている。

友人関係の拡大

アリニさんがふだんつきあっている友人は、同じインドネシア人女性が多い。日本人女性とのつきあいは公民館の講座で知り合ったグループぐらいで、現在も年に一度ほど忘年会で会う程度である。日本人女性と知り合っても、なかなか彼女たちの輪に入っていけないという。だから現在のところ、心を割って話せる日本人の友人はいない。筆者が昨年、日系インドネシア人に会うために愛知県の小牧や長野県の上田を訪れたときも、同じようなことを聞いた。日本人側も何らかのインドネシア体験がないと、インドネシア人とつきあえる基盤がないからだろう。

彼女の最初の友人は、近くのカトリック教会で知り合った、当地に来て三〇年にもなるインドネシア人女性である。当初からの友人はその教会で知り合った五人である。彼女たちとのつきあいは、カトリック信者としてだけではなく、インドネシアの舞踊グループとしても続いている。そのほかの友人は三〇代のインドネシア人が中心で、宗教の上ではムスリムが多い。

民族的にはジャワなどのマレー系が多いが、華人系インドネシア人も含まれる。華人系インドネシア人女性たちの多くは、日本人の夫と知り合った場所が、アメリカ、ドイツ、オーストラリアなどの第三国である。インドネシアでは民族や宗教が異なるとつきあわないことが多いが、同じジャワ人の友人から紹介されたことや、日本という異国にいることが彼女たちを結びつけているようだ。

また、友人たちと知り合う場所は教会だけではなく、息子を近くの公園に連れて行ったとき偶然に出会ったりとさまざまである。現在は日常的に一〇名ほどの友人たちとのつきあいがある。

ボランティア活動

幼いときからジャワ舞踊を学んでいたアリニさんは、先のカトリック協会のグループとの活動だけでなく、新しい舞踊グループにも参加するようになった。地元の国際交流の会、青年の会などの催しに、不定期だが招かれて踊るようになっている。そのとき知り合ったグループと新たな会で合同上演することもあったという。なかには国際交流基金で招かれている二〇代の舞踊家と一緒のこともあった。

ほとんどが交通費を支給される程度でもちだしのケースが多いが、世界を広げるアリニさんの活動を夫も積極的に応援している。

日本社会への定着のありよう

日本で生活しはじめてほぼ一〇年が経ち、ユリアさんはインドネシアへの恋しさは少なくなり、日本での暮らしが楽しくなってきているという。来た当時は恥ずかしがり屋であったが、教壇に立つことが多くなったせいか、物怖じしなくなったようだ、と夫の勝二さんは語っている。夫婦の会話にも日本語が増えてきた。ユリアさんは「毎日の言葉は平気。難しいことは話せないけど」と語っている。家族内の会話、子どもの通学、それぞれの仕事、ユリアさんの交遊関係の拡大、インドネシア料理の頻度増加など、彼らなりのライフスタイルが確立し、それを楽しむ余裕がここ六年の間にみられるようになったと感じられる。

おわりに

本章では、インドネシア人女性が日本で結婚し生活していく過程と、それにかかる扶助組織の役割を報告した。「インドネシア人家族の会」では、宗教や民族の異なる会員の交流だけではなく、日本社会や文化について積極的に学ぼうとする活動がみられた。とくにインドネシアの文化を日本人に紹介するだけでなく、会で学んだ知識や情報が直接家族とのコミュニケーションに役立つことをめざしている。

二人のインドネシア人女性の事例では、ごく普通のインドネシア人女性が、異文化社会である日本で生活に適応していく様子を具体的に描いた。彼女たちはさまざまな文化の障壁を越え、子育てをし、人間関係を広げ、夫や家族と円滑な対話を図り、自立した生活を確立しつつある姿を明らかにした。個々の生活の現状に合った柔軟な適応能力と実践力、そして彼女たちを支える夫とその家族の支援が、彼女らの家族に幸せをもたらしているといえる。

註

(1) 桑山紀彦『国際結婚とストレス―アジアからの花嫁と変容するニッポンの家族―』明石書店、一九九五年／宮島喬・長谷川祥子「在日フィリピン人女性の結婚・家族問題―カウンセリングの事例から―」『応用社会学研究』四二、二〇〇〇年

（2）冨坂聡「中国人妻　二十万人の天国と地獄」『中央公論』二〇〇六年五月号、中央公論新社

（3）バレスカス、マリア・ロイザイオ・ピケロ（津田守監訳）『フィリピン女性エンターテイナーの世界』明石書店、一九九四年／ドーン編著『フィリピン女性エンターテイナーの夢と現実―マニラ、そして東京に生きる―』明石書店、二〇〇五年

（4）本書第6章参照。そのほか、Piper, Nicola, "International Marriage in Japan: 'race' and 'gender' perspectives Gender", Place and Culture 4 (3): 321-338. 1997／佐竹眞明、メアリー・アンジェリン・ダアノイ『フィリピン・日本国際結婚―移住と多文化共生―』めこん、二〇〇六年／定松文「国際結婚にみる家族の問題―フィリピン女性と日本人男性の結婚・離婚をめぐって―」宮島喬・加納弘勝編『国際社会二　変容する日本社会と文化』東京大学出版会、二〇〇二年／Suzuki, Nobue Transgressing "Victims" Reading Narratives of "Filipina Brides" in Japan. Critical Asian Studies 35 (3): 399-420, 2003／高畑幸「国際結婚と家族―在日フィリピン人による出産と子育ての相互扶助―」石井由香編著『講座グローバル化する日本と移民問題第二期第四巻　移民の居住と生活』明石書店、二〇〇三年

（5）『CLAIR REPORT』（二〇〇三年三月号、自治体国際化協会）に、インドネシア人妻の会および家族の会の紹介が掲載されている。

（6）『朝日新聞』二〇〇一年一月一二日

あとがき

筆者はこれまで、メダンのようなインドネシアの多民族地域において、民俗医療や食文化の領域で民族と文化の交流のあり方を研究してきた。その後、同じような問題意識で日本人とインドネシア人の結婚、いわゆる「国際結婚」に領域を拡大し、それをさらに追究することになった。

ジャカルタにおける異文化結婚研究を開始するにあたっては、ジャカルタにある日本人組織「福祉友の会」の故乙戸昇氏（インドネシア名、クンプル乙戸）にたいへんお世話になった。乙戸氏は東京都出身の元日本兵で、終戦後、インドネシアに残留し、独立戦争を戦った。その後、日系企業とのかかわりを通じて、ビジネスの世界で成功した人物である。また日本人残留一世の取りまとめ役として、福祉友の会を仲間と立ち上げた功績は大きい。

乙戸氏とは、すでに一九八〇年代のスマトラ調査、一九九〇年代の日本とインドネシアの文化交流活動を通じて知り合う機会があった。

一九九〇年代末、残留日本人も次第に高齢化したため、乙戸氏は次世代の人が福祉友の会の活動と運営を受け継いでいけるよう準備を始めていた。その過程で、インドネシア人と結婚している日本人女性がたくさんいることを知り、彼女たちも日本人組織の重要なメンバーになってほしいと願っていた。

一九九七年六月に、インドネシア人と結婚している日本人女性たち一〇四名がジャカルタ市内のレストランにはじめて集まり、その後「ひまわり会」を組織し、活動をはじめていた。

筆者は一九九八年の暮れ、ジャカルタで、ひまわり会のメンバーであり、福祉友の会の婦人部に所属するマデオカ・セツコさんの仲介で、ひまわり会のメンバー一〇名を紹介してもらった。乙戸昇さんの車で、まだ携帯電話も今のように普及していない頃、わかりにくい道を尋ねながら、ジャカルタ市内に住む日本人女性の自宅を訪ね、彼女たちの結婚とインドネシアでの生活について話をうかがうことになった。乙戸氏も、戦後、スマトラでジャワ人と結婚していることもあり、彼女たちの話に興味をもって耳を傾けていたことを思い出す。このジャカルタでのひまわり会メンバー探訪が、筆者のインドネシア・日本の異文化結婚研究のスタートとなったといえる。

その後、インドネシアと日本で、異文化結婚を生きている多くの人たちにお会いし、話を聞くなかで、生活経験は異なるものの、そのなかに共通性があると思うようになった。それは、どのような状況におかれても、人間には自己を新しく変容させる能力があるということである。

自己の文化を絶対視せず、真正なるものを求めず、ハイブリッドなライフスタイルを築きあげていくことによって新しい生き方をつくり出している。それは言語の習得であれ、食事習慣であれ、宗教・信仰であれ、さまざまな側面に見出される。異文化のなかにいて、それに従わなくては生きられないことを知りつつ、本来の自己の文化をも捨て切れない、二つの文化のなかで同時に存在しているような生き方が垣間見られるのである。

歴史的に東南アジアのみならず、世界各地に拡散していった日本人のなかに、結婚という形式をとり、異質の文化と社会に適応しながら生きてきた、また生きつつある人がいる。彼らこそ、人間が文化を越え、異文化とともに生きることができることを実証しているといえよう。

近年とかく内向きになりがちな日本人が、こうした人びとの生き方から、海外志向の伝統を受け継ぎ、多文化との共生のライフスタイルを実践できるようなきっかけをつかめたらと思う。

出版にあたり、快くインタビューに応じてくれた、インドネシア人と結婚しジャカルタに生きる日本人女性、男性のみなさん、第二次大戦後、日本人男性（残留日本人）と結婚生活を送ってこられたインドネシア人家族の方々、日本に滞在し日本人と結婚しているインドネシア人女性とその家族のみなさんに心より感謝申し上げたい。みなさんの協力がなかったら、このような形で、みなさんの生活と思いの一端をまとめることができなかったと思う。

あわせて、ジャカルタのひまわり会、ジャカルタとメダンの福祉友の会、横浜のインドネシア人家族の会のご協力にも感謝する。とりわけ福祉友の会発起人会長のヘル・サントソ衛藤氏とインドネシア人家族の会の門丸葉子さんに感謝したい。

最後に、私の研究を最初に後押ししてくれた、今は亡き福祉友の会の乙戸昇氏、療養中にもかかわらずインドネシアに送り出してくれた亡き妻由起子、本研究の遂行に終始献身的に協力してくれた、福祉友の会婦人部のマデオカ・セツコさんに本書を捧げる。

吉田正紀

初出一覧

序　章　異文化結婚と日本人―その変容と多様性を考える
「国際結婚と日本人―その変容と多様性を考える―」『アフラシア』五、現代アジアアフリカセンター、二〇〇八年／「国際結婚」日本文化人類学会編『文化人類学事典』丸善、二〇〇九年
第1章　インドネシアに嫁いだ日本人女性―異文化結婚にみる異文化の接触と交流―
「国際結婚にみる異文化の交流と実践（一）―インドネシアに嫁いだ日本人女性の事例から―」日本大学国際関係学部国際関係研究所『国際関係研究』二二（一）、二〇〇一年
第2章　インドネシアに嫁いだ若き日本人女性―グローバル化時代の異文化結婚―
「グローバル化時代の異文化結婚―インドネシアに嫁いだ若き日本人女性―」『国際関係研究』二六（一）、二〇〇五年
第3章　ジャカルタの異文化結婚再考―二つの文化が共存するライフスタイル―
＊書き下ろし
第4章　ジャカルタに住む日本人男性の異文化結婚―インドネシア文化のなかで生きる―
＊書き下ろし
第5章　北スマトラにおける残留日本人の異文化結婚―一世配偶者とその家族の事例から―
「インドネシア・北スマトラにおける残留日本人の異文化結婚―一世配偶者とその家族の事例から―」『日本大学国際関係学部年報』三一、二〇一〇年
第6章　日本に嫁いだインドネシア人女性―日本での生活と異文化交流―
「国際結婚と異文化の交流―在日インドネシア人女性とその家族の事例から―」『国際関係研究』二三（四）、二〇〇三年
第7章　インドネシアからの花嫁―定着への日常的実践―
「結婚と家族の形成・定住化―親睦交流団体の活動と個人の日常的実践―」奥島美夏編著『日本のインドネシア人社会―国際移動と共生の課題―』明石書店、二〇〇九年

著者略歴

吉田正紀（よしだまさのり）

1945年、神奈川県生まれ
立教大学大学院文学研究科地理学専攻修士課程修了（人類学・オセアニア）
イリノイ大学アーバナ・シャンペーン　Ph. D. 取得（人類学）
現在、日本大学国際関係学部教授
研究分野：文化人類学・医療人類学・東南アジア研究・国際文化論
著書：『民俗医療の人類学：東南アジアの医療システム』古今書院
訳書：『千年王国と未開社会』紀伊國屋書店、『異文化結婚』新泉社・監訳、『ジャパニーズ・ディアスポラ』新泉社・共訳、『和製英語と日本人』新泉社・共訳、『文化人類学』古今書院・共訳など

異文化結婚を生きる
――日本とインドネシア／文化の接触・変容・再創造

2010年９月30日　第１版第１刷発行

著　者＝吉田正紀
発　行＝株式会社　新 泉 社
東京都文京区本郷2-5-12
振替・00170-4-160936番　TEL 03(3815)1662／FAX 03(3815)1422
印刷・製本／シナノ

ISBN978-4-7877-1014-7　C1039

異文化結婚　●境界を越える試み

R・ブレーガー、R・ヒル編著／吉田正紀監訳　A5判・三〇〇〇円＋税

法の規制、他者への固定観念、拡大家族や親族との軋轢など世界各地の多様な事例を紹介。

ジャパニーズ・ディアスポラ　●埋もれた過去・闘争の現在・不確かな未来

足立伸子編著／吉田正紀、伊藤雅俊訳　A5判上製・四六〇〇円＋税

世界に拡散する日本人が直面する現実、文化的アイデンティティと日系社会の変容する姿。

和製英語と日本人　●言語・文化接触のダイナミズム

ジェームズ・スタンロー著／吉田正紀・加藤将史訳　四六判上製・二五〇〇円＋税

会話や広告、Jポップの歌詞等豊富な事例から和製英語が日本語を豊かにしていると主張。

人類学ワークブック　●フィールドワークへの誘い

小林孝広、出口雅敏編著　A5判・二五〇〇円＋税

基本概念を解説したキーワードとエスノグラフィーでフィールドワークへの準備ができる。